ドラキュラ伝説の謎に迫る

ドラキュラ・リーディング

VAMPIRE

大川隆法
Ryuho Okawa

まえがき

昨日はハローウィンにあたり、東京の街角では、子供たちや若者たちが「トリック・オア・トリート」という呪文《じゅもん》めいた言葉でお菓子をねだりながら、仮装して歩いている姿が散見された。

私の方は「ドラキュラZERO」の映画公開初日なので、憂《う》さ晴《ば》らしを兼ねて家内や娘と観て来た。

ハローウィンにしてもドラキュラ伝説にしても、いつの間にか日本文化を侵《しん》食《しょく》しつつあるヨーロッパ宗教文化なのかもしれない。宗教の世界も、地球規模ではテリトリーは広い。神秘の力を使って、フィールドワーク的に読み取っていく（リーディング）しかあるまい。

日本の伝統的宗教文化にはなじまないが、欧米では連綿《れんめん》とした人気のあるドラキュラ伝説の謎に迫ってみた。

二〇一四年　十一月一日

幸福《こうふく》の科学《かがく》グループ創始者兼総裁《そうししゃけんそうさい》　大川隆法《おおかわりゅうほう》

ドラキュラ伝説の謎に迫る　目次

第1章　小説『ドラキュラ』の作者、ブラム・ストーカーの霊言

二〇一三年三月二十六日　収録
東京都・幸福の科学総合本部にて

第2章　ドラキュラ伯爵のモデル、ヴラド三世の霊言

二〇一三年三月二十六日　収録
東京都・幸福の科学総合本部にて

「霊言現象《れいげん》」とは、あの世の霊存在の言葉を語り下ろす現象のことをいう。これは高度な悟《さと》りを開いた者に特有のものであり、「霊媒現象《れいばい》」（トランス状態になって意識を失い、霊が一方的にしゃべる現象）とは異なる。外国人霊の霊言の場合には、霊言現象を行う者の言語中枢《ちゅうすう》から、必要な言葉を選び出し、日本語で語ることも可能である。

なお、「霊言」は、あくまでも霊人の意見であり、幸福の科学グループとしての見解と矛盾《むじゅん》する内容を含《ふく》む場合がある点、付記しておきたい。

第1章

小説『ドラキュラ』の作者、ブラム・ストーカーの霊言

二〇一三年三月二十六日　収録

東京都・幸福の科学総合本部にて

ブラム・ストーカー（一八四七～一九一二）

アイルランド人の作家。本名は、エイブラハム・ストーカー。当時イギリス領だったアイルランドの首都ダブリンに生まれる。病弱で七歳まで歩けなかったという。子供の頃から、怪奇物《かいきもの》に興味を持ち、神秘学や黒《くろ》魔術に傾倒。演劇の劇団マネージャーを務めるかたわら、執筆活動を続け、五十歳のとき、怪奇小説『ドラキュラ』を発表し、一大センセーションを巻き起こした。ほかに多数の怪奇小説と『有名詐欺師《さぎし》伝』等がある。

質問者　※質問順

斎藤哲秀《さいとうてっしゅう》（幸福の科学編集系統括《とうかつ》担当専務理事）

小林早賢《こばやしそうけん》（幸福の科学広報・危機管理担当副理事長）

［役職は収録時点のもの］

1　欧米でヴァンパイアが流行《はや》る「霊的根源」を探る

「ドラキュラについて調べてほしい」という要望に応える

大川隆法　今朝、『遠隔透視　ネッシーは実在するか』（幸福の科学出版刊）という本の原稿校正をしたついでに、「何かほかに調べてもらいたいものはありますか？」と訊《き》いたところ、「●ドラキュラ・リーディングをお願いしたい」という返事が返ってきたので、やりますが、どうなるかは私も分かりません。

ヴァンパイア（吸血鬼《きゅうけつき》）は、文化現象、宗教文化として見たときには、欧米では、たいへん人気があるというか、底流《ていりゅう》に広がっています。

ハリウッド映画でも、毎年のように、ヴァンパイアものがつくられていて、必ずと言ってよ

『遠隔透視　ネッシーは実在するか』（幸福の科学出版刊）

●ドラキュラ　ブラム・ストーカーの小説『ドラキュラ』（邦題：吸血鬼ドラキュラ）に登場するヴァンパイア（吸血鬼）の名前。

いほどヒットしています。一方、日本では、それほど流行《はや》りません。日本は、幽《ゆう》霊《れい》もののほうが流行るのです。やはり、文化の違いがあるのでしょうか。何か霊的な根源があるのでしょうか。そのあたりが少し気になるところです（注。二〇一四年十月末から映画「ドラキュラZERO」が日本で公開）。

ドラキュラ映画を観《み》ると、ドラキュラは昼間は寝ていて、夜になると復活してきます。死体を焼かずに埋葬《まいそう》する土葬《どそう》文化だったわけですが、ドラキュラが復活してくる感じは、キリスト教系のものとよく似ています。

また、「ドラキュラは十字架とニンニクが嫌い」というのもあります。それから、「血を吸う」というところの原型は、おそらくドラキュラ伯爵《はくしゃく》のモデルであるルーマニアの貴族ではないかと思います。ただ、それだけとは思えないものが一部あります。世

映画「ドラキュラ ZERO」（2014年公開）。

界各地にあった「食人思想《しょくじん》」とか、「血を飲んだりするような風習」とかが影響しているのかなという気もしないでもありません。

日本には、あまりありませんが、あるとすれば、人を食べる鬼や山姥《やまんば》のような感じが近いのかなと思います。

ただ、気になるのは、ヴァンパイアものが特にそうですが、「普段は人間社会に紛《まぎ》れていて、満月の夜などになると変身して、人を襲う」というところです。オオカミ男もそうですね。

このあたりのトランスフォーメーションのかたちは、最近の宇宙人研究のなかにも似たものがけっこうあるので、場合によっては、「本当は違う姿の宇宙人が、普段は人間の姿になっていて、人を襲うときに、ヴァンパイアなどに変身する」ということが、現実にあるのかもしれません。そういう気もしないでもありません。

さらには、血を吸われた人もヴァンパイアになっていくというあたりにも、不思議な感じがします。確か香港《ホンコン》映画にも、「キョンシー●に生き血を吸われたら、次々と

●キョンシー（僵屍）　中国の死体妖怪の一種。硬直した死体という意味がある。

キョンシーに変わってピョンピョンと跳《と》んでいき、人々を襲っていく」という映画があったので、底流には何かあるのかなという感じがしないわけではありません。

ヴァンパイアの原型は、霊界にあると思われる

大川隆法　『吸血鬼ドラキュラ』という小説は、アイルランド人の小説家が百年ほど前に書いたもので、当時、ベストセラーになって流行ったようです。「十五世紀のルーマニアの君主ヴラド三世（通称、串刺し公《くしざこう》）をモデルにした」と言われており、今、ルーマニアは、これで観光客集めをやっているようです。今回の収録は、ルーマニア伝道のきっかけになるかもしれません（笑）（会場笑）。

（モニター画面に写真①が映る・22ページ図参照）

わりにかわいい顔をしていますね。これだと、それほど怖くはありません。

映画「霊幻道士」（1986年公開）。

（モニター画面に写真②が映る）

中世のお城などは、夜、電気がなくて暗く、怖いでしょうから、旅人が宿を借りて休んでいたら、夜中、山姥《やまんば》風に料理されてしまうこともあったかもしれませんね。

さあ、どのように攻めましょうか。

斎藤　先ほど、文化現象というお話もありましたが、今、ご紹介がありました『吸血鬼ドラキュラ』の作者は、ブラム・ストーカーという人です。この人はアイルランド出身の作家で、今から百年ほど前の一八九七年に、ドラキュラ伯爵で有名な怪奇《かいき》小説を発表しています。

（モニター画面に写真③が映る）

この人ですが、おそらく、執筆の動機として、何かインスピレーションを得たり、感ずるものがあったと思いますので、まずは、この人を呼び、知っている情報について語ってもらうのはいかがでしょうか。

写真②ブラン城（ルーマニア）小説に登場する
ドラキュラ城のモデルと言われている。

写真①ヴラド三世

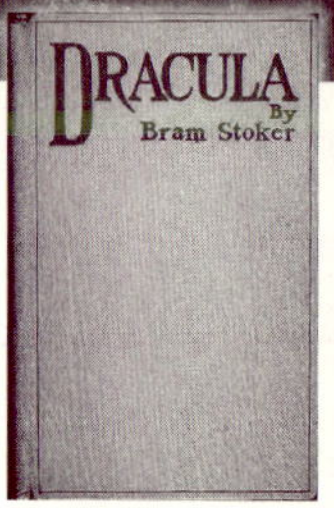

『Dracula』1897 年
イギリスにて発刊。

写真③ブラム・ストーカー

大川隆法　これだけ流行っているのを見れば、少なくとも、霊界のなかの一部、まあ、地獄界かもしれないし、魔法界のようなところかもしれませんが、何か、原型となるものがあるのではないでしょうか。

吸血鬼は、日本にはいません。日本の女性は首元をあまり見せませんが、西洋の女性は、社交のときなどにはドレスを着て、首から胸元まで大きく開けて白い胸を出すので、確かに、それを見たら、噛《か》みつきたくなる男性がいるのかもしれません。まあ、そういうことが、文化的にはあるのかもしれませんけどね。

斎藤　ブラム・ストーカーは、吸血鬼の原型といいますか、「真っ黒なマントと夜会《やかい》服《ふく》に身を包み、夜行性で昼は棺《ひつぎ》に眠り、夜になると目が血走って首元に噛みつく」というイメージをつくっているので、おそらく霊的なインスピレーション、もしくは現実の調査等で何かをつかんでいる可能性が高いと思います。

大川隆法　そうですねえ。
　最近は、「エイブラハム・リンカーン：ヴァンパイアハンター」という、リンカン大統領がヴァンパイアと斧《おの》で戦うような映画（二〇一二年公開）までつくられていて、「よく、そんなものがつくれるな」と思います。日本だったら、どうなるでしょうか。伊藤博文《ひろぶみ》が幽霊と戦う感じでしょうか。ヴァンパイアは「邪悪なるものの象徴」で、リンカンは「正義の象徴」であったのかもしれませんが、この文化の違いには、何か意味があるのでしょうか。
（モニターに映ったブラム・ストーカーの写真を見ながら）この人は、霊界のどこに行っているのでしょうか。なんか怖いですね。
小林　ヴラド三世の素《す》性《じょう》がいまひとつよく分かりませんでしたので、できましたら、

映画「エイブラハム・リンカーン：ヴァンパイアハンター」（邦題：リンカーン／秘密の書）（2012年公開）。

本命《ほんめい》に行く前に、ちょっとワンクッションを置きたいと思います。

大川隆法　その次に、串刺し公、ルーマニアの君主を呼ぶということですね。

小林　はい。ヴラド三世がいた時代と場所は完全に特定できていますが、やや正体不明なので、いきなりヴラド三世を呼ぶよりも、周辺から情報を集めたほうが時間短縮になるのではないかと思います。

大川隆法　なるほど。

私は、ドラキュラ映画を家で観ようとしたのですが、途中で怖くなって最後まで観ることができませんでした。「ドラキュラ城に泊まった旅人がヒゲを剃《そ》っていて血を流したところに、ドラキュラ伯爵が

初の映画化作品「ドラキュラ」(1931 年公開)。

現れて、それをベロッと舐《な》めたりする」というシーンを観ているると、だんだん怖くなってきて、どうも駄目《だめ》なのです。まあ、しかたがないですね。（質問者席の後方に座り、モニター画面を操作していた天雲菜穂《てんくもなお》第一編集局長に向かって）天雲さん、そんな後ろにいたら、（招霊《しょうれい》したドラキュラが）嚙みつけないいんじゃないかな（会場笑）。〝おいしい首〟をもう少し前に出しておかないと（笑）。

小説『ドラキュラ』の作者を招霊する

大川隆法　それほど、いいところに還《かえ》っているかどうかは分かりませんが、では、いきますか。

少し怖いです。（霊を入れたら）私がピョンピョン跳《は》ねたりしないでしょうね。大丈夫でしょうね。オオカミや満月との関連も少し気になります。

小林　オオカミ関係については、後半にも少し……。

大川隆法　後半に出るんですね？

小林　はい。話題を用意してあります。

大川隆法　オーケー、オーケー。
それでは、エイブラハム・ストーカー、ブラム・ストーカーさんですね。アイルランド・ダブリン生まれの小説家で、一世紀ほど前に『吸血鬼ドラキュラ』をお書きになりました、ブラム・ストーカーさんを招霊したいと思います。

（合掌し、瞑目《めいもく》する）

『吸血鬼ドラキュラ』をお書きになりました、ブラム・ストーカーの霊よ。

『吸血鬼ドラキュラ』をお書きになりました、ブラム・ストーカーの霊よ。

どうか、幸福の科学総合本部に降りたまいて、われらの好奇心に満《み》てる質問にお答えくださいますことをお願い申し上げます。

エイブラハム・ストーカーの霊よ。幸福の科学総合本部に降りたまいて、『吸血鬼ドラキュラ』を書かれた、その霊的背景や興味・関心、あるいは、一般の人が知らない真実等がありましたら、明かしてくださいますことを、心の底よりお願い申し上げます。

（約三十秒間の沈黙）

2　なぜ人間の血を飲むのか

不気味《ぶきみ》な笑い声を上げながら登場

ブラム・ストーカー　ヌッフフフフフフフ、フ、フ、フ、フ。アハハハハハハハハハハハ。ハハハハハハハハ。

斎藤　ブラム・ストーカーさんの霊でいらっしゃいますか。

ブラム・ストーカー　ハッ、ハッ、ハッ。ハハハハハハハハ。

斎藤　こんにちは。

ブラム・ストーカー　（両手の指を立て、わしづかみするようなポーズで、震わせなが

ブラム・ストーカー（1847〜1913）
アイルランド人の作家。

ら）ハハハハハハハハ。アハハハハハハ。

斎藤　何か、手が異様な動きをされていますが、お話しすることは大丈夫でしょうか。お答えいただけますか。

ブラム・ストーカー　（両手を肩の高さまで上げ、手のひらを質問者に向けて、ドラキュラのように、獲物《えもの》に襲い掛かるような格好《かっこう》をしながら）アハハハ。

斎藤　今、こちら幸福の科学では、ドラキュラの調査をしております。

ブラム・ストーカー　ああ、ああ、ああ。

斎藤　『吸血鬼《きゅうけつき》ドラキュラ』を書かれた……。

ブラム・ストーカー　（吸血鬼に）なりたいかあ？　くわ……れるかあ？　ならしてやるう。うううぅ！

おまえもこの世界に来たいか？　おまえも自業自得《じごうじとく》だろう？　ハ、ハ、ハ、ハ。男の象徴《しょうちょう》がドラキュラなのだよ。ハハハ。

斎藤　男の象徴ですか？

ブラム・ストーカー　そらそうだろうがあ。ん？

斎藤　どうして、ドラキュラが「男の象徴」になってしまうのでしょうか。

ブラム・ストーカー　女を襲ってえ、首筋に歯を立てて、血を吸う。この喜びが忘れられるかあ。アッハッハッハッハ。ハッハッハ。

自分自身がドラキュラ伯爵《はくしゃく》のモデルだった!?

小林　ブラム・ストーカーさんも、ヴァンパイアだったということでしょうか。

ブラム・ストーカー　それは当然で、肉体を持ったのが、まあ、運の尽きではあったがのう。

小林　生前、アイルランドでは、されていませんでしたよね？

ブラム・ストーカー　ん？

小林　まさか、されていたのでしょうか。

斎藤「血を吸う」ということですね。

ブラム・ストーカー　うーん？

斎藤　小説家として人生を全《まっと》うされただけでなく、もしや何か〝ガブッ〟といきましたでしょうか。

ブラム・ストーカー　まあ、夜はまだ暗かったでなあ。

斎藤　当時はまだ電気があまり引かれていない時代でしたからね。

ブラム・ストーカー　ん？　まあ、人には関心があるものがあるから……。ああ、闇のなかでうごめく者はのう、獲物を必ず狙っておるのよ。君たちも、変な宗教は早く卒業して、〝実業〟に入りたまえ。

斎藤　小説家のかたちを取りながら、実はご自身がドラキュラ伯爵《はくしゃく》のモデルでもあったということでしょうか。

ブラム・ストーカー　うーん？

斎藤　自分がドラキュラそのものなのですね。

ブラム・ストーカー　男の〝実業〟は女を襲うことだろ？　違うのか？

人間の血を飲むのは生命を長らえるため

小林　お生まれは一八四七年ですが、何歳頃からその〝実業〟に励《はげ》まれるようになったのですか。

ブラム・ストーカー　やはりなあ、それは、男として目覚めたときからだなあ。

だから、おまえたちの大部分は異端なのだよ。異端であってだなあ、女性と子孫をつくることを考えるんであろうが、われらは、そういうふうに思うのではなくて、非常に頭がよい種族であるので、食糧を手に入れるのではなく、血液そのものを吸い取ることによって生きていくと。まあ、これは、現代医学の輸血《ゆけつ》に相当することであって、「医学を百年先取りした」と言ってもよいのかもしらん。

小林　いわゆるドラキュラ伝説は、主として東ヨーロッパに多かったのですが、アイルランドや北欧、ドイツなど、広範に広がっていたのでしょうか。つまり、お仲間の方が集まる闇世界は、ネットワーク的にけっこう広がっていたと理解してよろしいでしょうか。

ブラム・ストーカー　まあ、ヨーロッパも食糧がなくて、飢饉《ききん》がよくあったわなあ。そういうときは、人間を襲うしかないわなあ。だから、人間を襲って食べるということはあったわなあ。

さらに、わしのように、体が幼少時から弱っておったような者は、伝統として、そうした人肉《じんにく》を消化し切れないでなあ。だから、「血をそのまま飲む」ということが、「命を長らえる」ということにもなるわけだなあ。

一方では、その頃、医学として、瀉血療法《しゃけつりょうほう》というものが流行《はや》っておってなあ。万病《まんびょう》の元は血が滞《とどこお》ることであって、「鬱血《うっけつ》した血を抜いて、洗面器のようなものに出すとによって、万病が治る」というようなことが、医術として行われておったわなあ。

まあ、その思想と、「人の血を抜いて栄養に変える」という思想は、実は裏表《うらおもて》であるんだなあ。ハッハッハ。

小林　瀉血は、わりと世界に広がっていた医療法ではあったのですが、その「瀉血」と「吸血」が実はコインの裏表のような関係にあったということですね。

瀉血療法の様子。

ブラム・ストーカー　点滴《てんてき》がない時代であるからなあ。点滴のない時代なので、「病弱な人は、体を治すに当たって、血液そのものを飲んだほうが早いのではないか」という考えはあったわけよ。逆に、血が余っておる人間もいたでな。だから、医術と称して、「病気を治すために血を抜く」と称してだなあ、一リットルぐらい血を抜いてしまって、別のところでは、その血を飲んどるやつもおったんだなあ。

「男性の血より、女性の血のほうがおいしそう」

小林　瀉血した血を他の人に売るということをしていたわけですね。

ブラム・ストーカー　そうだなあ。分かるだろう？　点滴がないし、片方は、今なら成人病か生活習慣病かは知らんけど、血が余ってるという〝病気〟になる者がいっぱいおるわなあ。それは血を抜くのがいちばんいい。

だから、「片方は健康になり、片方は病気が治る」ということで、「ドラキュラ主義」というのは、血の移転によって、世の中を闇の世界から解き放とうとする〝神の摂理《せつり》〟なのだな。

斎藤　そうすると、「ドラキュラ主義」とは……。

ブラム・ストーカー　（小林を指して）君も、ちょっと血を抜いたほうがいいかもしらんなあ。

斎藤　血を……（笑）。

小林　収録に備《そな》えて、栄養ドリンクを飲んできましたので、血が余っているように見えるかもしれませんが（笑）。

ちょっとお訊《き》きしたいのですが、ストーカーさんの場合、飲まれる血は、今おっしゃったように、「取り引き」によって入手されたものでしょうか。

ブラム・ストーカー　まあ、それは美しく言った場合ではあるな。

小林　では、直接、捕獲《ほかく》といいますか……。

ブラム・ストーカー　個人対個人ということになれば、また話は違うわな。やっぱり、どうせならおいしい血が欲しいだろ？　な？　まあ、あんたの血よりは、女性の血のほうがおいしそうな気がするじゃないか。

だから、「舞踏会《ぶとうかい》などで、『これはおいしそうだな』と思う女性を見初《みそ》めて、舞踏会が終わったあと、つけていって、血を頂く」というのは悪くないことではあるわなあ。

小林　そういう考えは、ある年齢になったときに、インスピレーションのように思いついたのか、あるいは、代々、家に伝わる風習とか、村に伝わる秘密の風習とか、そういうかたちで教えてもらったのでしょうか。どういう経緯で、そういう習慣を知り、実行するようになったのでしょうか。

ブラム・ストーカー　いやあ、昔からそういうことをやっておったような気がするなあ。現代になって、なんか、やりにくくはなってきたけども、昔はやり放題だわなあ。中世の領主とかしておれば、村娘を差し出させて、どうしようと、村人は分かったことではないわなあ。

「イエスの教えに基づく」と言って、血を吸うことを正当化

小林　そうすると、ヨーロッパのキリスト教社会の裏面史《りめんし》と言いますか……。

ブラム・ストーカー　いや、イエスの教えに基づいとるんだよ。

小林　えっ？

ブラム・ストーカー　イエスは、弟子たちに、「わが血を飲め」と言うておる。なあ？

「わが肉体をちぎって食べよ」と言うとる。

斎藤　（苦笑）●聖体拝領《せいたいはいりょう》として、パンとぶどう酒は頂きますけれども。

ブラム・ストーカー　いや、それはねえ、血なんだ。本当は血なんだよ。

斎藤　血を飲むんですか。

ブラム・ストーカー　イエスを十字架に架《か》けて殺して、血だらけだろ？「その血を杯《さかずき》で受けて飲め」と言っている。「そうであれば、イエスのような力を授かるであろう」と言っているのを、今は、教会が美しくワインに置き換えたり、あるいは、パンの切れっ端に置き換えたりしているわけで、本当は、「イエスの血を飲み、イエスの

イエスによる最後の晩餐の様子。

●聖体拝領　イエスが最後の晩餐でパンとぶどう酒を弟子たちに与え、「パンは私の体であり、杯は私の血による契約である」と言った言葉を記念し、パンとぶどう酒を会衆に分けるキリスト教の儀式。聖餐。

肉体を引き裂いて食べよ」という意味なんだよ。そうすると、キリストと同じ力が身についいて、甦《よみがえ》りの力が現れて、救済力が増すんだな。

斎藤　「甦りの力」というのがポイントなんですね。

ブラム・ストーカー　だから、本当は、キリストのような人間の血を吸い、体を食《く》らわねばならんのだ。だからさあ、わしは十字架が好きなんだ。

斎藤　えっ？　十字架は嫌いなんじゃないですか。

ブラム・ストーカー　いやあ、十字架を心臓に打ち込まれると、ほんと快感があるんだよなあ。

斎藤　なるほど。そういうのがお好きなんですか。

ブラム・ストーカー　「これで、また、血がたくさん確保できる」と思うと、うれしくってしょうがないなあ。

斎藤　自分がやるのではなくて？

ブラム・ストーカー　ええっ？

斎藤　「自分がやられる」のが好きなんですか。

ブラム・ストーカー　いやあ、もうどっちも好きだよ。やるのも、やられるのも好きだなあ。

斎藤　どっちもですか。そうですか。

「十字架」を見せて、嫌がるかどうか反応を見る

斎藤　十字架をここに用意してありますが、いかがですか。

ブラム・ストーカー　せっかくわしを呼んだんだから……。

斎藤　（模型の十字架を見せる）

ブラム・ストーカー　それは、〝オモチャ〟ではないか。こんなもの、君ねえ、胸に立つと思っとるのか。それでドラキュラを殺せると思うとるのか。

斎藤　こういうものもありますが（別のアクセサリーの十字架を見せる）。

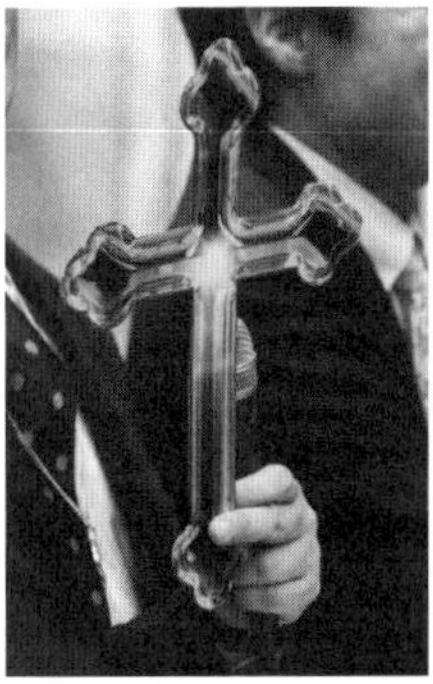

模型の十字架を見せる質問者。

ブラム・ストーカー　まだちゃちだなあ。オモチャだな。

斎藤　全然駄目《だめ》ですか。

ブラム・ストーカー　こんなものねえ、ドラキュラ脅《おど》しになると思うとるのかい？

斎藤　失礼しました。

ブラム・ストーカー　やっぱり、ちゃんとしたものをつくってだねえ、先を尖《とが》らさないと駄目なんだよ。胸に立てるんだからさ。

斎藤　胸に刺すんですか。

ブラム・ストーカー　そうなんだ。

だから、君らは今日、われわれの仲間に入ったから。君たちは今、ドラキュラ軍団のなかに入る〝入会式〟をやっておるわけ。私は今、君たちに入会の志望動機を訊いておるわけだからさあ。この儀式が終われば、君たちもドラキュラ一族になるわけだなあ？

そしたら、（天雲《てんくも》を指して）こういうお嬢さんを、夜、ちゃんとお誘い申し上げて、「家まで送ります」と言って、部屋まで送っていって、そのあと、ガブッと噛《か》んで、生き血を吸ってやると、彼女は健康になり、吸ったあなたも健康になるわけ。

もっと欲しければ、十字架で刺して、大量の血を頂いて、心臓も食べてしまうと、もっとさらにいいわなあ。

牛肉や豚肉を食べると、人間は退化《たいか》する？

小林　今、「儀式」というお話が出ましたが。

ブラム・ストーカー　うーん。

小林　これはヴァンパイアというより、オオカミ男の話ですが、「変身するときに、ある種の儀式が行われる」という言い伝えはけっこうあります。ヴァンパイア族のほうにも、この世か霊界かを問わず、そういう儀式を行うような宗派が存在しているのでしょうか。

ブラム・ストーカー　いや、長い伝統だよ。世界各地で行われているから、人を生贄《いけにえ》にするっていうのは、普通なんじゃないの？
生贄にして、もちろん、その人が食糧になることもあるが、その人の「霊力《れいりょく》」を抜くっていうことが大事なことだよなあ。
キリスト教なんかも、〝人食い人種《じんしゅ》〟の思想から出来上がっているので。ユダヤ教徒っていうのは、全部、人食い人種なんだよ、もともとは。血が大好きなんだよ。

小林　先ほどのイエスのワインの譬《たと》えですけれども、当時のユダヤの人に分かるように、そういう譬えをされたと思うのですが。

ブラム・ストーカー　あれ、書き換えたんだよ。「わしの血を飲め」と言うたんだよ、イエスは。

小林　それはともかくとして、私どもが教えていただいているのは、「生贄をつくり出すような宗教から、そうでない宗教に進化せよ」と……。

ブラム・ストーカー　進化？　なんでそれが進化になるの？

小林　そうでなければ、より多く広がる世界的な宗教には……。

ブラム・ストーカー　いや、そんなことない。君たちは、退化《たいか》してなあ。君たちは豚を食べたり、牛《ぎゅう》を食べたりしとるんだろ？　そんな低級なものを食べてたら霊的に退化するから、やっぱり、優《すぐ》れた人間を食べるのがいちばんいいんだよ。

小林　そうすると、「人の生贄などを求めるものが高等な宗教で、それから外《はず》れるものは、信仰としては堕落《だらく》したものである」ということですか。

ブラム・ストーカー　そうだよ。動物なんか食べたら、君、穢《けが》れるよ。血が穢れるよ。豚肉や血の滴《したた》る牛肉を食べるっていうことは、豚や牛の血が体の血のなかに入ってくるっていうことだろ？　そういう低級なものが体に混じってくることだから、進化じゃなくて、必ず退化になる。

「カニバリズム」（食人《しょくじん》思想）という言葉に反応する

小林　その信仰の対象は、どういう神様なのでしょうか。

ブラム・ストーカー　これがユダヤの根本神《こんぽんしん》の考えなんじゃないかなあ。うーん。たぶん。

斎藤　「ヤハウェ」とか、イスラエル民族の神とかになってしまうのですか。

ブラム・ストーカー　よくは分からんけど、血を流すのが好きな宗教はあるんだよな。で、いちばんおいしいものは、敵の王様を血祭《ちまつ》りに上げて、生贄にすることだな。その髑髏《されこうべ》を楽しむ人もおるし、肉を食《く》らう者もおれば、血を飲む者もいる。

斎藤　血だけではなくて、人肉を食べる風習を「カニバリズム」と言いますが……。

ブラム・ストーカー　そうだね。カニバリズム。君、いい言葉を知っているね。

斎藤　……それは、むしろサタニズム（悪魔主義）ですよね。

ブラム・ストーカー　世界的に流行っていたことを、今の文明が滅ぼしにかかっているので、これは、人類の誤りを直さねばならんなあ。

斎藤　つまり、文化の主柱は、「人肉や血を摂取《せっしゅ》する」というかたちですか？

ブラム・ストーカー　やっぱり、霊的に進化したものを摂取することによって、人間は進化するのだよ。

イエスの愛の教えを曲解《きょっかい》するブラム・ストーカー

斎藤　イエスもそう教えたと理解しているのですか。

ブラム・ストーカー　イエスの愛の教えっていうのは、まあ言えば、「男性同士で血を吸い合うよりは、男性は女性の血を吸え」っていうことだよな？　まあ、できれば、気に入った女性の……。

斎藤　（苦笑）それが「イエスの教え」なのですか。

ブラム・ストーカー　ええ。「気に入った女性の血をすすれば、愛は成就《じょうじゅ》される。彼女と自分は一体になれる」っていうことだな。

斎藤　食べることで一体になってしまうのですか。

ブラム・ストーカー　〝カマキリの思想〟みたいなもんだなあ。

斎藤　（苦笑）カマキリの思想……。

小林　基本的に、文明以前の、「人も食糧である」という時代の宗教だったということとですよね？　簡単に言えば。

ブラム・ストーカー　うん。中国人なんかも、カニバリズムそのものだよなあ。娘を料理して出すんだろ？　偉い人が家へ泊まった場合にはなあ。豚が手に入らなきゃ、娘を料理して出すしさあ。息子を天ぷらにして出して、将軍になった男もおったよなあ。こういう思想はねえ、根深くあるんだよ。

だから、君たちねえ、勘違いしちゃいけない。君たちは、宇宙人のなかで、人肉を食らうとかいう宇宙人を非常に嫌う傾向があるけど、間違っている。彼らは進歩しているのよ。それは正しい行為なんだよね（注。幸福の科学の宇宙人リーディングによると、レプタリアンと言われる爬虫類《はちゅうるい》型宇宙人のなかには、人間を食べる種族もいることが判明している。『レプタリアンの逆襲Ⅰ』『同Ⅱ』〔幸福の科学出版〕参照）。

●『史記』などの古国中国の文献には、人肉を食べるという話が多く記述されている。

3　その「魂《たましい》の素性《すじょう》」を調べる

自分は〝進化の神〟であると自称

小林　そうすると、ストーカー氏の魂《たましい》の出所《でどころ》は、そういう宇宙人であるのでしょうか。

ブラム・ストーカー　宇宙人までいくと、ちょっと、いきすぎるかもしらんけどもねえ。

まあ、食人《しょくじん》主義っていうのは、長い伝統があったわなあ。これが、「人間が人間を支配する」っていうことの元だわな。人間が人間を支配するっていうことは、相手を奴隷《どれい》状態に置くということであり、最終的に、相手の命を自由にできるということであり、食べても構わんということだわな。

斎藤　お話を聞いていると、〝あれ〟なんですけど、ストーカー氏は人間なのですか。

「人間ではない」という感じもいたしますが……。

ブラム・ストーカー　えっ？

斎藤　人間なんですか。

ブラム・ストーカー　〝神〟だよ。

斎藤　いや、またまた……。

ブラム・ストーカー　〝神〟なんだよ。一つの傾向性を持った〝神〟であって、〝進化の神〟なんだよ。

小林　霊界に戻られてから、今、どういうお姿をされているのでしょうか。

ブラム・ストーカー　霊界に戻られてからは、もうそれは、君ねえ、光そのものと言いたいが、ちょっと違うのでしかたがない。光そのものではなくて、「牙《きば》そのもの」みたいな存在にはなっとるかなあ。

斎藤　映画等では、「ドラキュラは、夜になると動く夜行性で、光が嫌いで、太陽光線を浴びると、煙を上げて燃えてしまう」というような特徴がよく描かれていますが、やはり太陽は嫌いなのではないですか。

ブラム・ストーカー　うーん、まあ、やっぱりなあ、これは、狩りをする習慣として、夜行性だったということだなあ。

斎藤　「夜行性で狩りをする」ということが「太陽が嫌い」ということに結びつくのですか。

ブラム・ストーカー　うん、夜行性でないと、襲えないからね。なかなかねえ。夜行性なら、一人を襲うのは簡単だわなあ。日中は難しい。

血を吸って生きる「蚊《か》」は神様の最高傑作？

斎藤　映画や小説等では、ドラキュラがコウモリの姿に変身するところがよく描かれていますが、コウモリと関係はありますか。

ブラム・ストーカー　まあ、コウモリもあるなあ。コウモリも血を吸うからな。

斎藤　「吸血コウモリ」と言われる種はいますけど。

ブラム・ストーカー　うんうん、そういうことだと思うよ。吸血だから、仲間ということだろ？　眷属《けんぞく》というかな。

まあ、血を吸うコウモリがいるから、血を吸って生きる生き物がいるということだな。だから、蚊《か》なんかも仲間だわな。

斎藤　蚊も仲間ですか。

ブラム・ストーカー　うんうん。実に〝進化した生き物〟だわなあ。

斎藤　蚊がお好きなんですか。

ブラム・ストーカー　人間の血を吸って生きるっていうのは、頭がいいなあ。

斎藤　（苦笑）蚊は頭がいいんですか。

ブラム・ストーカー　あれは神様の最高傑作だよ。

斎藤　蚊が最高傑作ですか。

ブラム・ストーカー　途中、紆余曲折《うよきょくせつ》しないで、いきなり〝結論〟までスーッと飛んでいくだろ？

斎藤　はい。

ブラム・ストーカー　最終的には血をつくらなきゃいけないから、面倒くさいから、血そのものを抜いてしまうんだろ？　それも、人間の血を吸うなんて言ったら、これはもう、彼らにとっては〝進化の喜び〟そのものであろうなあ。

小林　考え方はだいたい理解できました。

ヴラド三世との霊的な関係を訊《き》く

小林　質問の角度を変えて、お尋《たず》ねします。生前、ルーマニアのヴラド三世をモデルとして小説『吸血鬼《きゅうけつき》ドラキュラ』を書かれましたが、霊界に戻られたあと、ヴラド三世とはどういう関係でいらっしゃるのでしょうか。

ブラム・ストーカー　うーん、まあ、仲間かなあ。

小林　お仲間ですか。

ブラム・ストーカー　仲間だし、遡《さかのぼ》れば、イエスの時代までいくし、イエス以前の時代までいくのだよ。そうなんだよ。

小林　では、イエス様の時代にも？

ブラム・ストーカー　うん、われら一族は、イエスの血を狙っていたわなあ。

斎藤　「イエスの血」を狙うとは、どういうことでしょうか。

ブラム・ストーカー　だから、救世主の血を流すっていうことは、これ以上の喜びはないだろう?

斎藤　イエスを処刑しようとしたということですか。

ブラム・ストーカー　(イエスは)血を流してるだろ? 鞭《むち》打たれて、茨《いばら》の冠《かんむり》かけられて、槍《やり》で刺されて、「槍を刺したら、水しか出なかった」っていうのは、おかしいだろ? 「水が出る」っていうのは、おかしいから、もう血は抜き取られとったということだな。あれは、そういうことだ。イエスの血は、もはや、処刑される前に抜か

●『新約聖書』には、イエスを十字架から下ろし、兵士が槍で脇を刺すと、血と水が流れ出たとある。

れておったということだよ。

斎藤　（苦笑）……絶句していますが。

救世主の血を飲んだ者が世界を救う？

十字架に架けられたイエス。

ブラム・ストーカー　だから、イエスの血を分けて、大勢の者が飲むべきなんだよ。それが、よき信徒になり、よき弟子になるわけだな。イエスは、われわれのために犠牲になったわけよ。そして、世界を救おうとしたわけよ。分かるかな？

これがキリスト教の根本思想だよ。イエスの血を飲み、イエスの肉を食《く》らった者が、世界を救う。これがキリスト教の根本思想なんだよ。君、分かってるか？

斎藤　（苦笑）全然分かりません。

ブラム・ストーカー　なんで分からない？　こんな大事なこと、分からないんだ？

小林　ストーカーさんやドラキュラ伯爵《はくしゃく》やお仲間の方は、イエス様の時代にも生まれていたのでしょうか。

ブラム・ストーカー　いやあ、もちろん、ずーっと連綿《れんめん》と続いておるよ。

小林　当時、生まれていて、イエスを処刑にかけるための動きをしていたのでしょうか。あるいは、事前に血を抜き取っていたということは……。

ブラム・ストーカー　まあ、世界中でやっておることであるからなあ。

日本は今、おいしくないわなあ。あんまり血が流れにくいからなあ。おいしくない。侍《さむらい》の時代は、血がよく出るから、まだよかったかなあ。

小林　血の気《け》のある時代に、わりと生まれてくるということでしょうか。

ブラム・ストーカー　うーん、そうだなあ。

小林　戦《いくさ》の時代とか？

ブラム・ストーカー　あのねえ、蚊がいちばん進化した動物だと言ったけど、高度に進化した人間の生き血をすることこそ、最高に進化した証明であるわけよ。
　だから、救世主を見つけたら、その血を抜くべきであるし、ここは大川隆法っていうのが、それを名乗ってるから、この血をみんなで分けて飲むべきなんだよ。そうすると、みんなが本物の弟子になり、世の中を救えるようになるんだよな。

自分たちが住みやすいのは「殺人の多い所」

小林　血を求めているお仲間は、今、日本の国、あるいは、周辺の国では、だいたい、どういったあたりにいるのでしょうか。

ブラム・ストーカー　「どういったあたりにいる」っていう言い方は難しいが。

小林　今の日本にも、眷属といいますか、お仲間はけっこういるのでしょうか。

ブラム・ストーカー　まあ、ときどきはいるんではないかのう。

小林　例えば？

ブラム・ストーカー　ストーカーをするようなやつのなかには、いるだろうよ。

斎藤　犯罪者として存在するということですか。

ブラム・ストーカー　犯罪者ではなくて、それは、聖なる行為をやっている人たちだろ？

斎藤　はあ。

小林　有名人系で思い浮かぶような方はいらっしゃいますか。

ブラム・ストーカー　うーん？　有名人……。有名人と言われても、ちょっと分かりにくいけど。

今、日本はちょっと住みにくいかなあ。アメリカはわりに住みやすいよなあ。人を殺しやすいからなあ。うーん。日本は昔はよかったんだがなあ。

斎藤　治安が悪い所や法律があまりしっかりとしていない所に……。

ブラム・ストーカー　アフリカなんかは、いまだに部族同士の殺し合いとかするじゃないか。あんなときは、わしらが指導しなきゃいけないよねえ。

斎藤　はああ。

小林　中国でも、けっこうしていますが。

ブラム・ストーカー　中国はもう、すぐ人を食べに入るだろうねえ。うーん。食べんと、おれんだろう。

「血を提供することは与える愛」という勝手な理屈

斎藤　ドラキュラ伯爵のモデルはヴラド三世という方で、通称としてはヴラド・ツェペシュ（串刺し公《くしざこう》）と呼ばれていますが、生前、書類には「ドラクラ（英語読みではドラキュラ）」すなわち「ドラクルの息子」と署名していたようです。「ドラクラ」は、「ドラゴン（竜）の子供」ということも意味するらしいのですが、そういう話を聞く

●ドラクル　ヴラド３世の父親ヴラド２世のこと。神聖ローマ帝国よりドラゴン騎士団の騎士に任じられたため、「ドラクル」（竜公《りゅうこう》）と呼ばれていた。

と、コウモリというよりは、「ドラゴン」のような性質の流れもあるのかなという感じもします。

ブラム・ストーカー　うーん、うん。

斎藤　何か「ドラゴン」「龍」とのつながりのようなものも、「魂の持っている特性」にはあるのではないかと思いますが、いかがでしょうか。

ブラム・ストーカー　だから、君たちのなかに、大きく流れている一派であるんだよ。君たちのなかには、「他の人間を獲物《えもの》にしたい」という気持ちが流れておるはずなんだなあ。この気持ちとつながっておるんだなあ。

だから、優秀な民族をつくる方法だなあ。これがわれらであって、ある意味では、この世は、血の犠牲《ぎせい》の上に成り立っておるわけであってなあ。世界史は、流した血によって書かれているものであるからなあ。

われらは、血のにおいを嗅《か》ぐことが好きだな。

小林　どうもありがとうございます。

ブラム・ストーカー　（小林に）君、どうしてそんなに顔がこわばるんだよ。

小林　いえいえ。

ブラム・ストーカー　君を吸うかどうかは、まだ思案しているところであって、決めてないんだからさあ、そんなに怖がる必要はない。

小林　いえ、あの……。

ブラム・ストーカー　（小林を指して）君、ちょっとねえ、ワイシャツがきつすぎて、首があんまり出てないよ。よくないね。もうちょっと首を緩《ゆる》やかに開《あ》けといたほうがいいんじゃないかねえ。

斎藤　（笑）（会場笑）

ブラム・ストーカー　ネクタイは、ドラキュラから身を護るためにできた道具なんだよ。

小林　ああ、そうですか。

ブラム・ストーカー　首をなるべく開けないようにするために、ネクタイが西洋に発達した。これは「ドラキュラ除《よ》け」なんだよ。これがないと、前が開くから、嚙《か》みやすくなってくる。

●ネクタイは、兵士たちが首に巻いていた防寒用の布が起源とも言われている。

斎藤　なるほど……。

ブラム・ストーカー　ネクタイはねえ、ドラキュラ除けなんですよ、実は。

小林　はい。だいたい、お考えはよく分かりました。

ブラム・ストーカー　楽しいでしょ？

小林　ええ。〝楽しい〟ですね。

ブラム・ストーカー　今晩から、君たちも美女を誘《さそ》って嚙みついていきなさい。それが最高度に進化した人類なんだ。吸われるほうも気持ちがいいと思うんだな、たぶん。血を提供する喜び、これが〝与える愛〟の思想なんだ。な？

小林　はい。分かりました。どうもありがとうございます。

霊言収録の終了を惜《お》しむブラム・ストーカー

小林　それでは、とりあえずこれで……。

ブラム・ストーカー　ええっ？　これで終わりかあ？

小林　ええ。ファースト・セッションは……。

ブラム・ストーカー　まだ、君、さわりしか言ってないよ。小説っていうのは長いもんなんだよ。

小林　ほかの方もお呼びしようかと思いますので。

斎藤　また機会がありましたら。

ブラム・ストーカー　ああ、そう?

小林　非常に〝いいイントロ〟をつくっていただきまして、ありがとうございました。

ブラム・ストーカー　何だか面白くないねえ、この程度では。まだ、ほんの序文のところで終わった感じかなあ。

君らねえ、思想をもうちょっと変えなきゃ。やっぱ、もうちょっと戦闘的にならないと。（小林を指して）君、特にねえ、血を避ける傾向があるな。血を見る前に逃げるな、君なあ。よくないよ。

小林　はい、はい。

ブラム・ストーカー　それはよくないよ。

斎藤　違う〝種族〟ということで理解しておきたいと思います。

ブラム・ストーカー　（天雲《てんくも》を指して）あの人なんか、食べられるのが好きそうな感じするなあ。

小林　いや、〝歯ごたえ〟がきついかもしれません。

斎藤　歯が折れてしまうかもしれません。〝硬い〟らしいですから。

ブラム・ストーカー　歯が折れるんですか。ああ、そうですか。

斎藤　〝甲殻《こうかく》的なガード〟が強いですから。

ブラム・ストーカー　そういうふうにして防御するやつも、いることはいるわなあ。

斎藤　そうですね。

ブラム・ストーカー　何？　もう終わりかあ？　せっかく呼んだのに。本一冊分録《と》らんと。『現代に甦《よみがえ》る吸血鬼』なんて一冊あったら、いいじゃないか。そうすると、君たちもまた本が売れるし、映画がつくれる。幸福の科学というところで映画をつくってるらしいから、ドラキュラ映画をぜひつくっていただきたい。そしたら世界に広がる。

小林　これから、少しフィールド・リサーチをして考えていきたいと思いますので……。

ブラム・ストーカー　うーん。そうかあ。

小林　どうもありがとうございました。

ブラム・ストーカー　ああ、残念だなあ。うーん。

大川隆法　はい（手を一回叩く）。かなり、思想と一致している感じですね。

生きていたときはどうかは分かりませんが、心のなかは、このような状態に近かったのではないでしょうか。「内面の世界」を書いていたのではないかと思います。

第2章

ドラキュラ伯爵のモデル、ヴラド三世の霊言

二〇一三年三月二十六日　収録

東京都・幸福の科学総合本部にて

ヴラド三世（一四三一～一四七六）

ルーマニアのワラキア公国《こうこく》の君主。トランシルヴァニア地方シギショアラに生まれる。オスマン帝国の侵攻に対して奇襲とゲリラ戦法で抵抗するも、最後は戦いのなかで戦死した（暗殺説もある）。残酷な刑罰を好み、串刺《くしざ》しを多く用いたことから「串刺し公《こう》」の異名を持つ。小説『ドラキュラ』のモデルの一人と言われている。

1　ヴァンパイアのルーツとは？

続いて、ヴラド三世を招霊《しょうれい》する

小林　もう一歩踏み込むために、やはり、ドラキュラ伯爵《はくしゃく》のモデルになったヴラド三世の話も聴《き》きたい感じがします。こちらのほうが、リアリティーがありそうな感じです。

大川隆法　そのようですね。

斎藤　（モニターの映像を指しながら）今、ちょうど、映りました。こちらがルーマニアのヴラド・ツェペシュの肖像です。

大川隆法　顔はそんなに悪くないですね。

ヴラド三世（1431～1476）
ルーマニアのワラキア公国の君主。

斎藤　ええ。領主、君主（ワラキア公）の立場でありまして。

大川隆法　○○さんがヒゲを生《は》やしたような顔……。

斎藤　そのようなかたちに見えなくもない、という印象が入ってしまいました（笑）。

大川隆法　いやあ、それほど悪い感じはないと思います。

これは、チャネラーのほうに霊を入れたほうが面白いかもしれません。（チャネラーを指して）一年ぶりにどう？　やってみませんか。

斎藤　そうですね、（チャネラーに）では、いかがでしょうか。

大川隆法　最初は私に入れますが、最後までやると、イメージが狂いそうな気がします。いったん私に入れますが、本人確認ができたら、そちら（チャネラー）に入れます。彼は反応がいいですよね。

斎藤　はい。準備万端《ばんたん》かとお察しします。

大川隆法　私は、「わが言葉の上に未来は築かれる」と説いているので、あまり危険な言葉は吐《は》きたくないのです。

では、〝ドラキュラ伯爵〟ですか（笑）。まあ、恐ろしいことを……。

（チャネラーが質問者の隣の席に着く）

それでは、ブラム・ストーカーさんに続きまして、中世、十五世紀のルーマニアのヴラド三世、串刺《くしざ》し公《こう》と言われ、吸血鬼《きゅうけつき》ドラキュラのモデルになったと言われる方をお呼びしたいと思います。

（ヴラド三世の肖像画を見て）それほど怖そうには見えないのですが、どのような感じでしょうか。

斎藤　目がぱっちりしている感じです。

大川隆法　いい感じに描《か》かせたのかもしれませんが。

斎藤　ルーマニアでは、イスラム国家の「オスマン帝国」の侵入を防いだということで、国を守った「英雄」として高く評価されている面もあるようです。

大川隆法　なるほど。

斎藤　ただ、オスマン帝国との戦いでは、「オスマン帝国軍の二万人ぐらいの兵士を先端を尖《とが》らせた杭《くい》に串刺しにして、長さ一キロ、幅三キロに渡ってグワーッと並

オスマン帝国とワラキア公国との戦い

べ、〝串刺し〟の恐怖を与えて相手を撃退した」ということで、「英雄」でもありながら、「危険な人物」でもあると、そのように両面で見られている人物らしいです。

大川隆法　英雄かどうかは、微妙に難しいものが歴史上はありますね。

串刺し刑とヴラド3世(左)

斎藤　はい。

大川隆法　確かに、大量に人を殺しても、「神様」のように言われる人もいれば、「大悪人」と言われる人もいるので、分かりにくいところはあります。

斎藤　自ら「ドラクラ（英語読みではドラキュラ）」と名乗り、署名するときも、そう書いていたという記録もあります。

大川隆法　分かりました。

（右腕を上げ、手のひらをヴラド三世の肖像に向ける）

吸血鬼《きゅうけつき》ドラキュラのモデルになりました、十五世紀のルーマニアのヴラド三世をお呼びしたいと思います。

ドラキュラのモデルになりましたヴラド三世。ルーマニアのヴラド三世。どうか幸福の科学総合本部に降りたまいて、そのお心の一端なりとも明かしたまえ。

ヴラド三世、ヴラド三世。

（約二十秒間の沈黙）

天国霊とは思えない第一声

ヴラド三世　ハッハッハッハッハッハッハ。ハッ、ハッ、ハッ、ハ。アッハッハッハ。死にたいかあ？　ハッハッハッハ。

斎藤　ヴラド三世でいらっしゃいますでしょうか。

ヴラド三世　ああ。

斎藤　こちらは、幸福の科学の総合本部……。

ヴラド三世　呼んだんだから、そうだろうよお。何を言ってる。バカ！

斎藤　いえ、本人確認ということで、念のために、させていただきました。

ヴラド三世　ウーッ、ハッハッハ。

斎藤　ご挨拶《あいさつ》でだいたい印象が伝わってまいります。
今日は、ぜひ、いろいろとお訊《き》きしたいと思います。

ヴラド三世　で、どうやって殺してほしい？　ん？

斎藤　殺すことは、そんなにいいんですか。

小林　西洋にはドラキュラ・ファンが多いので……。

ヴラド三世　今ね、わしへの〝信仰〟がすっごく集まっとるんだよ。もうルーマニアは支配できるなあ。欧米まで行けそうだ。

生前、「血を見るのは好きだった」

小林　世界のドラキュラ・ファンに代わっての質問です。ドラキュラは、映画では、よく血を吸うシーンが出てきます。ところが、そのモデルとなったあなたの場合、敵味方にかかわらず二万人を串刺しにしたとか、いろいろな記録が遺《のこ》っているのですが、ご本人が血を吸われたという記録は遺っていないのです。

ヴラド三世　なるほど。

小林　あれだけ映画や小説のモデルになるくらいのお方ですので、生前、血を飲むという行為も当然されていたと理解してよろしいでしょうか。

ヴラド三世　まあ、血を見るのは好きだったわねえ。ワインなんか飲んでられないっていう感じはあったことはあったねえ。やっぱり生き血のほうがいいねえ。ワイン飲むより元気が出るしさあ、やる気が出るじゃない？　なあ。

君たちはまだ勉強が足りとらんねえ。人間の血を吸うことによって、その人の持っている生命力から、先祖から伝わってきた文化すべてが吸収できるんだよ。そして、体のなかへ入ってくる。だから、自己拡張が起きるんだなあ。

ヴラド三世の魂《たましい》のルーツは○○人!?

ヴラド三世　われらは、この星を支配に来た者の子孫であるがゆえに、肉体人間として来た場合には、こういうこともすることはあるけど、これは、「原点を忘れんように」ということでもあるわけだなあ。

小林　先般、大川総裁が、月の裏側を遠隔透視されたとき、何種類かの宇宙人が出てきたのですが、そのなかに、まったく同じことを言っていた宇宙人がいました（『ダークサイド・ムーンの遠隔透視』〔幸福の科学出版刊〕参照）。

ヴラド三世　えっ？　ほんとに？

『ダークサイド・ムーンの遠隔透視』（幸福の科学出版刊）

小林　「優秀なものを食べると、単にエネルギーになるだけではなく、知識や知恵まで一緒に吸収できる」という説を唱えていた宇宙人がいたのです。

ヴラド三世　（興奮して）そうなんだよ！　そうなんだよ！

小林　だいたい似たような星から、この地球に来られたということでしょうか。

ヴラド三世　だからねえ、血を吸い取るっていうことは、非常に大事なことなんだよ。君らは医療行為で輸血をしておるとのことであるけども、人格が変化する可能性だって十分にあるんだからね。それは知っといたほうがいいな。

おいしい血を探すっていうことは、大事なことだ。まあ、進化としては最終の形態だろうね。

「生き血」を飲むことの効用を強調

斎藤　血を吸うことは、長生きや不老不死にもつながっていくのでしょうか。

ヴラド三世　もちろん、そういうことじゃないのかなあ。血さえ吸っとれば生きとれるんじゃないかなあ。

斎藤　何か、すごい身体《しんたい》的能力がグッと出てくるとか、そういう能力的なものはどうでしょうか。

ヴラド三世　それはねえ、君、勘違いしてる。始まる前に（栄養）ドリンクを飲んだとか言っていたけど、そういう紛《まが》い物を飲んでは駄目《だめ》だよ。こういう貴重な記録をつくる前には、やっぱり生き血をなみなみとついでな、それを飲んできたら、霊力《れいりょく》がグーッと湧いてくるんだよ。君、ドリンクあたりは、頭をちょっと興奮させとるだけであってねえ、生き血の霊的パワーには勝てない。

小林　霊力を持っている食物《しょくもつ》の話はよく出てきますが、生き血にも霊力が宿っているといいますか、生命力といいますか……。

ヴラド三世　まあ、おいしいのと、おいしくないのがあるからさ。そのへんの差はあるけどもねえ。

小林　おいしい血というのは、どのような血でしょうか。

ヴラド三世　やっぱりねえ、「美徳」を含んだ血だな。これがおいしいわ。

斎藤　美徳を含んだ血とは、どのような血なのですか。

ヴラド三世　だから、徳のある……、何だ？

斎藤　徳のある血？

ヴラド三世　うんうん。男性であれ女性であれ、徳を持った人の血がいちばんおいしい。

斎藤　それは、つまり「聖人を倒す」ということではないですか。

ヴラド三世　それが〝神の仕事〟じゃないか？　何言ってるのよ。

斎藤　「聖人」を倒したら、それは「悪魔」ですよ。なぜ「神」なのですか。

ヴラド三世　聖人を倒したら、それが人類を救うことになるんじゃないか。

斎藤　（苦笑）ちょっと待ってください。

ヴラド三世　これがキリスト教の根本思想だから、君、勘違いしてるんじゃないか。

斎藤　いや、ちょっと頭が混乱してきましたが。

「神は生贄《いけにえ》を求めている」と主張

ヴラド三世　神はですね、生贄《いけにえ》を求めるんだよ。だから、神に捧げられた生贄っていうのは、まさしく神が欲されるものであるがゆえに、生贄は尊いほどよい。出しにくいものほど、尊い生贄になる。羊のなかでは、いちばんいい羊を出さねばならない。

斎藤　ああ、生贄思想ですね。

ヴラド三世　ええ？　人間であれば、いちばん大事な人間を捧げなくてはならない。これが、宇宙から現代まで伝わる、大事な大事な秘法であるんだなあ。

小林　宇宙の話に行く前に、先にお訊きしたいことがあります。イエス様のときに、「古代ユダヤの予言に出ていたように、イエスを屠《ほふ》る方向に歴史をもっていこうとしていた一派」と、「それとは違うことをイエスに成就《じょうじゅ》させようとした動き」があったと、われわれは理解しているのですが、あなたは、当時、イエスを十字架に架《か》けるほうにもっていった方々と、ご縁があるというか、仲間でしょうか。

ヴラド三世　それはねえ、やっぱりねえ、聖人になりたかったらねえ、生贄にならないと無理ですよ。だから、生贄にしてやるということが、〝神の最大の愛〟なんだ。うん。だから、生贄にしなけりゃ駄目なんだよ。

君たちも、そうだろ？　殺された人が、みんな神様になっとるだろう？　なあ？　生き延びたやつは、神様にならんだろうがぁ！

2 黒《くろ》魔術霊界とのかかわり

ヒトラーや皇帝ネロを英雄視している

小林　ずばりお訊《き》きしますが、十五世紀にルーマニアにお生まれになる前、どこかで王様なり何なりされたことはありますでしょうか。

ヴラド三世　まあ、キリスト教徒をいっぱい殺したわなあ。

小林　それは、いろいろな立場があると思うのですが、どういう立場にあったのでしょうか。

ヴラド三世　キリスト教は、最後、ローマの国教になってしまったが、その前は、クリスチャンを闘牛場（闘技場）でライオンの餌《えさ》にしたり、ライオンと戦わせたりしておったでなあ。これは面白い見せ物だっただろうなあ。

小林　ネロ皇帝の時代とか。

ヴラド三世　そうだねえ。そういう人も、われわれのなかでは、〝英雄〟の一人ではあるわなあ。

小林　もしかしたら、ヒトラーとも縁が？（注。ヒトラーの過去世《かこぜ》は、ローマの皇帝ネロとされている。なお、ヒトラーは、生前、ゲルマンの森の黒《くろ》魔術系統の霊にそうとう影響を受けており、死後は地獄に堕ちて、悪魔になっている）

ネロ（37～68）ローマ帝国第５代皇帝。

古代ローマのコロッセウム（円形闘技場）でライオンの餌食にされるキリスト教徒。

ヴラド三世　われわれのなかでは、〝神格〟を持った者の一人ではあるわなあ。

「劣等《れっとう》な民族を滅ぼし、肉体も血も頂く」というのが本質

小林　ということは、「北ドイツの森のほうにある霊界」と「ヴァンパイアの霊界」とはつながっているわけですか。

ヴラド三世　いや、そんな狭いものでは……。

小林　「もっと大きな」ということですか。

ヴラド三世　ええ。世界的なもんだから、われわれは。

小林　世界的にあちこちにつながっていると？

ヴラド三世　世界的なもんであるので。「優秀なる民族が、劣等《れっとう》なる民族を滅ぼして、その肉体も血も頂く」というのが本質であるのでね。彼らは、犠牲になることによって、聖なるものへと昇華《しょうか》していくわけだなあ。

小林　世界に広がっている黒魔術の霊界とオーバーラップしてくるのでしょうか。

ヴラド三世　黒魔術という言われ方をすると、わしはよく分からないがなあ。

小林　中国のある地域でも、人の肉を食べたりとか……。

ヴラド三世　それは大事なことだ。しっかり食べたほうがいい。

小林　死んだ肉体に……。

ヴラド三世　死肉は駄目《だめ》だよ。腐ってくるからねえ。お腹を壊すから、あんまり食べないほうがいい。やっぱり、生きてるやつが新鮮で、いいわなあ。

今、医学でも、「新鮮な臓器を〝食べろ〟」と、よく教えてるじゃないか。新鮮でなきゃ駄目なんだよ。生きてるのがいい。死んだら、もう駄目なんだよ。腐敗が始まる、そのときからなあ。

斎藤　つまり、世界の歴史のなかで、「殺戮《さつりく》や強制的な力によって、劣等な民族を滅ぼして、優秀な民族を残していく」というような指導をしていると？

ヴラド三世　優秀な血を選んでいくことが大事なんじゃないかなあ。

斎藤　そういう歴史の出方をする方々がお仲間であり、その仲間のなかには、ヒトラーがいたり……。

ヴラド三世　戦いがあれば、片方が勝って片方が負けるでしょ？　負けるほうは、劣《れっ》位《い》にある者だな。そうした血は滅びていかねばならんわけだ。

斎藤　完全に「優勝劣敗《ゆうしょうれっぱい》の法則」一本ですか。

ヴラド三世　そうなんだよ。

斎藤　「勝ち抜いたら、それがすべてである」と？

ヴラド三世　うん。その、われわれのなかの〝チャンピオン〟がヒトラーだな。

斎藤　ヒトラーがチャンピオンですか。

アドルフ・ヒトラー（1889～1945）ドイツの政治家。

ヴラド三世　うん。

斎藤　あなたのお仲間ですか。

ヴラド三世　まあ、仲間だ。

斎藤　なるほど……。

3　地球に飛来《ひらい》した目的

〝神〟として、父ブッシュ大統領を指導した!?

小林　ご自身は、十五世紀以降、生まれ変わられたことはありますか。

ヴラド三世　わしらのような〝神〟になったら、そう簡単に生まれ変わらないんだよ。いろんな宗教でも説かれているだろ？　〝神〟は生まれ変わらないんだよ、もう。〝神〟はねえ、霊界で、デンと座って構えておるんだよ。

小林　最近、ご指導されている地上のリーダーや国はありますか。

ヴラド三世　アメリカの大統領を指導したな。

小林　どの大統領でしょうか。

ヴラド三世　ブッシュ一世。

斎藤　ブッシュ一世？　ブッシュ親子ですか。

ヴラド三世　うん。親の大統領のほうだなあ。

斎藤　一世のほうですか。

ヴラド三世　うんうん。

斎藤　もしかして、〝あれ〟じゃないですか。

G・H・W・ブッシュ（1924～）第41代アメリカ大統領。

ヴラド三世　ん？

斎藤　大川隆法総裁が、『「宇宙の法」入門』（幸福の科学出版刊）という本を書かれているのですが、そのなかに、ブッシュ（ジュニア）の魂《たましい》のルーツは、ある宇宙人であると……。

小林　レプタリアン。

斎藤　ええ、レプタリアン系の亜種《あしゅ》であると書かれているのですが。

ヴラド三世　それはよく知らんけども、ブッシュは血を流したがっていたから、応援してやったよ。

『「宇宙の法」入門』（幸福の科学出版刊）

斎藤　はあ。

ヴラド三世　あんなアラブの劣等《れっとう》民族は食べてしまうのがいちばんだよな。あのねえ、今の宗教戦争を終わらせる方法、君たちは生ぬるい。あれは食べてしまうのがいちばんだ。食糧にしたらいいんだよ。

斎藤　あなたは、そういう指導をされたんですか。

ヴラド三世　そうだよ。

斎藤　ブッシュ一世に？

ヴラド三世　そうだよ。

斎藤　「食べてしまえ」「やっつけてしまえ」と？

ヴラド三世　うん、そういうことだよ。

斎藤　「殲滅《せんめつ》してしまえ」と？

ヴラド三世　うん、そう。悪魔だから。

斎藤　相手のアラブ民族が悪魔だからですか？

ヴラド三世　うん。悪魔。

斎藤　自分たちは〝光〟であるから。

ヴラド三世　うん、そう。

斎藤　そういう思想を教えたのですか。

ヴラド三世　そう、そう、そう。わしが〝神〟であるがゆえに、わしの考えに反する者は〝悪魔〟である。

「私こそがイエス・キリストの生まれ変わり」と妄言《もうげん》を吐く

小林　ご生前の話に戻りたいと思います。先ほどの方にも似たような質問をしたのですが、どういうプロセスを経《へ》て、そういう行為といいますか、本性《ほんしょう》が出てきたのでしょうか。

ヴラド三世　何？　本性って、君ねえ、言葉を選ばな、いかんよ。

私はねえ、先ほどのストーカー氏がほめ称《たた》えておったようにだね、私こそが〝イエス・キリストの生まれ変わり〟なんだよ。イエス・キリストが、ドラキュラ伯爵《はくしゃく》として生まれ変わったんだよな。血の教えを復活させるためにな。

斎藤　（苦笑）

ヴラド三世　（斎藤を指して）何だ、君は……。

斎藤　いや、すみません。真剣になります！

ヴラド三世　おしっこを漏《も》らすんじゃないぞ！

斎藤　いや、ちょっと怖くて……（笑）。

ヴラド三世　もう食べれないから、そんなもの。

十字軍戦争の本質は、宇宙戦争だった!?

小林　お父様のヴラド二世は、秘密結社めいたところのトップで仕事をされていたという話も遺《のこ》っておりまして、ヴラド家のなかで、何か秘術が受け継《つ》がれていたということはあったわけですか。

ヴラド三世　うん、それはあるよ。人を殺して、ドクロを祀《まつ》ったり、血を祀ったり、すすったりする儀式は、ちゃんと宗教儀式としてあるから。これはキリスト教の〝正統な流れ〟だな。だから、「十字軍の英雄」になったのは、訳あってのことではあるな。

斎藤　（モニターの画像を指す）これは「ドラゴン騎士団」と言いまして、お父様のヴラド二世が、神聖ローマ皇帝に叙《じょ》せられて、入団した騎士団の

ヴラド２世(1390～1447)
ワラキア公。

紋章《もんしょう》なのですが、ドラゴンが描かれています。

ヴラド三世　うまいこと、首に巻き付けて。ちょっと、首を嚙《か》みにくいなあ。

斎藤　（苦笑）嚙みにくい……。

やはり、「十字軍」戦争など、大きな争いで血がたくさん流れるようなときに、力を発揮されているわけでしょうか。

ヴラド三世　十字軍なんていうのは、もう「宇宙戦争」だからな。まあ、言ってみりゃあな。

斎藤　十字軍が宇宙戦争？

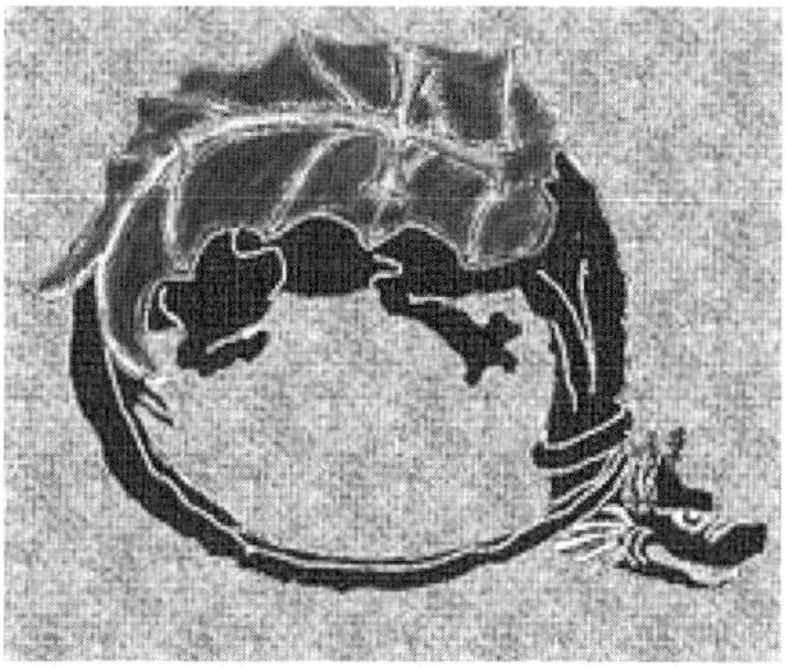

「ドラゴン騎士団」の紋章。ドラゴンが自分の尻尾を自分の首に巻き付けている。
ⓒCristianChirita, from Wikimedia Commons（http://commons.wikimedia.org/wiki/File:Dragon_order_insignia.jpg?uselang=ja）

ヴラド三世　だから、違った種族の戦い、どっちが地球を支配するかの戦いなので。まあ、千年戦って決着がつかなかった……。

斎藤　あれは、宇宙戦争ですか？

ヴラド三世　うーん。

斎藤　はあ。

ヴラド三世　わしは、イエス・キリストの〝正統な後継者〟だからさあ。何？（目の前に座っているチャネラーを指して）そっちが〝おいしい〟って？

十字軍。中世、ヨーロッパのキリスト教勢力は、聖地エルサレムをイスラム教国から奪回するために、何度も遠征軍を派遣した。

斎藤　はい。

ヴラド三世　（チャネラーを指して）この人、色白いなあ。首筋もいいなあ。ネクタイを取って、はだけると、もうちょっとセクシーな感じがするかもしらんなあ。（チャネラーに）「入れ」って？

小林　ええ。

斎藤　ぜひ。

ヴラド三世　ああ、君（チャネラーのこと）、なんか、人気があるらしいからさあ。入って、もっと過激なことを言わせたい。この人（大川隆法）だと、ちょっと、抑制が利《き》く場合があって、もう一丁、面白くないからさあ。君なら何言ったって、クビにならないからさあ。

それっ、わしがイエス・キリストの生まれ変わりであることを証明しなさい。

（ヴラド三世の霊がチャネラーに移動する）

「悟りたいなら、食べさせろ」と要求

ヴラド三世　……あっ、それで？　さっきから言ってるじゃないの？　何が訊《き》きたいの？　食べるよ、もう。おまえたちを食べるよ。

斎藤　なぜ、そんなことを言うんですか。

ヴラド三世　早く聖人になりたいんだろ？　早く私の前に来なさい。食べてあげるから。

斎藤　（苦笑）いや、それは結構です。

ヴラド三世　早く聖人になりたい、悟りが欲しいんだろ？

斎藤　はい。悟りは欲しいです。

ヴラド三世　ああ、だったら、早く目の前に座って、食べさせなさい。

斎藤　でも、私が食べられたら、悟れなくなってしまいます。体がなくなってしまいます。

ヴラド三世　いやいや、私のような人間に食べられることが、あなたにとっての悟りなんだよ。

斎藤　（苦笑）そうすると、霊になってしまいます。

ヴラド三世　悟りを求める団体って聞いたから、来たんだよ。そしたら、餌《えさ》がいっぱいあると思ったんだ。

斎藤　餌がいっぱいあるんですか。

ヴラド三世　ああ。犠牲の精神がすべてなんだろ？　早く出しなさい。

斎藤　犠牲の精神で食べられると、悟れるんですか。

ヴラド三世　そうそう、そうそう。

斎藤　何か、正しいような、間違っているような……。

ヴラド三世　「自分を差し出す」っていうことが、神になるっていうことなんだろ？　なりたいんだろ？　悟りたいんだろ？

斎藤　悟りたいです。

ヴラド三世　だったら、悟らせてあげるよ。

斎藤　（苦笑）「自分が食べられる」ことが、「悟る」ということなんですか。

ヴラド三世　そう。

斎藤　与える愛の行為なんですか。

ヴラド三世　神の子を悟らせる。それこそが、神のなかの神。

斎藤　何となく合っているような、合っていないような……（苦笑）。

地球の進化のために「来てやってるんだ」と豪語《ごうご》

ヴラド三世　さっきから言ってるように、私が本当に〝神のなかの神〟なんだ。〝宇宙を支配する神〟が、今、地球に来てやってるんだよ。それで駄目《だめ》な種族を滅ぼし、いい種族だけを残す。これこそが地球の進化じゃないか。分かる？

小林　その宇宙の神は、どちらからいらっしゃったのでしょうか。

ヴラド三世　そりゃあ、もう遠い所から来てるわけよ。はるかなる遠い宇宙空間から来て、高い科学技術力を持ってるし、そして、この悟りだな。「強い人種を残していく」っていう悟りだな。「優秀な神の子を子々孫々遺《のこ》していく」と。そういう思想なんだ。

小林　星や星座の名前は分かりますか。

ヴラド三世　ああ、よく言われてる所かもしれんけど、とにかく遠い所だよ。この銀●河系じゃない。

斎藤　よく言われている所ですか。地球のある銀河系ではない？

ヴラド三世　銀河系じゃない。銀河系以外の最強の……。銀河系を近くからジッと見て、どこに今いちばんおいしい餌があるか。どこが今いちばん進んでいるのか。そこをパクッと食べる。

そうすると、われわれも進化するし、その身を捧げた人たちだな、そいつらも神の仲間に入れると、こういうことなんだよ。分かった？

●銀河系の近くにはマゼラン星雲があり、３億数千万年前、マゼラン星雲からレプタリアンが地球に移住してきたことがある。『太陽の法』（幸福の科学出版刊）参照。

小林　いつ頃来られたか、記憶は残っていませんか。

ヴラド三世　いやあ、もうそれははるかなる昔だろ？　「億」ぐらいの単位がついてるよ。

小林　はるかなる昔ですか。

ヴラド三世　億の単位がついてるぐらいの大昔から来てるんだよ。この星がねえ、要はねえ、〝ぬるい星〟にならないように、常に進化するために、われわれが来てやってるんだよ。分かる？

イエスを十字架に架《か》けることにかかわっていた!?

斎藤　宇宙の科学的進化は、イエス・キリストとどう関係……。

ヴラド三世　イエスをあそこまで神格化させたのは、私なんだよ。つまり、私のほうが上なの。

斎藤　イエスより上なんですか。

ヴラド三世　おうよ。当たり前じゃない。イエスが、もし十字架に架《か》かって死ななかったら、あそこまで崇《あが》められないでしょうが。分かる？　普通に死んで、普通の人生やってみ？　結局、キリスト教なんか広がらなかったんだ。

あそこで、私たちが〝バサッとやって〟やったから、「かわいそう」ということで、あとから、ペテロやパウロか知らないけど、適当な真理をひっつけて、伝道したんでしょ？　われわれのおかげじゃないの？　感謝しなさい。

斎藤　「バサッとやってあげた」というのは、ちょっと納得できませんが……。

小林　イエスが十字架に架かったときに、あなたは霊界から指導されていたのでしょうか、それとも地上にいて、それをやっていたのでしょうか。

ヴラド三世　両方。

小林　両方？

ヴラド三世　まあ、私ぐらいの格上になると、いろいろ弟子がいっぱいいるんでな。ほとんどは、天上界から、そいつらを動かしてたんだ。自分が出ることはめったにない。

おまえ、間違えるなよ。地球人とやらの人種をな、「進化させてほしい」っていう願いがあって、われわれは来てるんだよ。分かる？　勘違いするなよ。

小林　そういう側面があることは知っています。

ヴラド三世　どうもなあ、さっきから聞いてると、「人を食べるやつは、みんな悪人」というふうに……、なんか、善悪判断が間違っとるよ。

人を悟らせる、人を進化させるのが、神の子のなかでの優秀な種族なんだ。そのなかで、宇宙で最も認められてる人種が、われわれなんだよ。だから、われわれを崇めなさい。われわれに対して生贄《いけにえ》を差し出しなさい。さっき言った徳ある人物も差し出しなさい。きれいな女性も差し出しなさい。いい？　そしたら、そういう人はどんどん進化させてあげるよ。

「あえて悪役を引き受けている」と開き直る

小林　一つご質問しますが、ヒトラーは死後、地獄へ堕ちましたね？

ヴラド三世　あ？

小林　そのことについては、どう評価されていますか。

ヴラド三世　そんなことは知らないよ。ヒトラーなんか、結局、われわれからすりゃ、一つの駒《こま》なのよ。

斎藤　駒？

ヴラド三世　ああ、駒なのよ。

斎藤　それなら、あなた様は「そうとうな格の方」ですね。

ヴラド三世　そうよ。

斎藤　まるで神様みたいではないですか。

ヴラド三世　当た……、何言ってる！　〝神のなかの神〟なんだ！　おまえは悟りたいんだろ？　早くここに跪《ひざまず》けよ。首を出せ。（指を鉤爪《かぎづめ》のようにして首を切るしぐさをする）一発で頸動脈《けいどうみゃく》を切ってあげるよ。

斎藤　（苦笑）

小林　宇宙の神様としてのお名前がありましたら、教えていただきたいのですが。

ヴラド三世　神に名前はないって！　歴史を勉強しろ！　おまえは。

斎藤　でも、そうすると、あなたが「救世主を屠《ほふ》る」という戦略を立てて、実行したということになりますけれども。

ヴラド三世　何言ってるんだよ。救世主をつくるために、あえて悪役を引き受けてるんだ。

斎藤　自らですか。

ヴラド三世　おうよ。

斎藤　本当に？

ヴラド三世　おうよ。

斎藤　何千年も前からですか。

ヴラド三世　そうよ。救世主っていうのは、仕事途中で、あっけなく帰天するからな。結局、あとから、救世主になるんだよ。歴史を調べてみなよ。そのときに、必ず俺が〝指導〟してやってんだよ。

4 「政治」や「宗教」に及ぼしている影響

習近平《しゅうきんぺい》との霊的関係について訊《き》く

小林　今、中国に、習近平《しゅうきんぺい》という人が出ていますが、ご関係はありますか。

ヴラド三世　あいつ？　ああ、あいつも神になりたいのよ。神になりたくてウズウズしてるよ。もうちょっとしたら捕捉《ほそく》してやるよ。

斎藤　優勝劣敗《ゆうしょうれっぱい》の法則で勝ち抜いて、力で征服して、地球を統一すると？

ヴラド三世　ああ。

斎藤　そのような気持ちを持って、人命の尊さについて一切関係なく、食べてしまうと?

ヴラド三世　そうそう。どうも、あいつはなあ、ほんとはモンゴルなのかもしれないけど、漢民族が優秀だと思ってるだろ?（注。霊査《れいさ》によれば、習近平の過去世《かこぜ》は、モンゴル帝国の初代皇帝チンギス・ハンであることが判明している。『世界皇帝をめざす男』〔幸福実現党刊〕参照）

　漢民族は優秀だと証明したいらしいんだよ。で、「俺が証明を手伝ってやるよ」って。「ほんとに漢民族、モンゴル民族が、世界でいちばん優秀なんだったら、どこまでやれるかやってみろ」と。まだ、俺は直接やってないよ。でもまあ、もうちょっと本気を出してくるなら……。

　要はな、志《こころざし》っていうやつなんだ。な? 志あるやつに、俺は援助しとるわけだ。これは仏法真理だろう? おまえらが習ってる。違うか?「まず志ありき」って聞いてるぞ、ここで。

『世界皇帝をめざす男』
(幸福実現党刊)

斎藤　（苦笑）

ヴラド三世　志のあるやつは駄目《だめ》なんだよ。「大志を抱《いだ》け」なんだ。おまえらはスィンク・スモールなんだよ。俺は、スィンク・ビッグなやつを探してるんだよ。分かる？　地球規模のことを考えてるんだ。分かる？　地球規模な。おまえなんか、心のなかに地球なんか描けないだろう？　俺は、地球規模で、手足のあるやつを探してるんだよ。誰がいちばん進化に役立つ人間かって探してるんだよ。

今は、優秀な種族はどれなのか、見定めているところ

斎藤　あなたがたは、例えば、霊団のようなかたちでチームを組んでいますか。

ヴラド三世　チームっていうか、手下はいっぱいいるよ。

斎藤　手下はいる？

ヴラド三世　ああ。俺はもう、とにかく親方《おやかた》だからな。ああ。

斎藤　宗教団体や政治団体など、いろいろな……。

ヴラド三世　ああ、さまざま。

斎藤　分類としては、さまざまな分野にいらっしゃるということで？

ヴラド三世　ああ、さまざまいるよ。

斎藤　そのすべての仲間たちにインスピレーションを送っているということですか。

ヴラド三世　ああ、血が飲みたくなってきた。喉《のど》が渇いてきた。

斎藤　血が飲みたくなりましたか。

ヴラド三世　早く血を出せ！　トマトジュースでもいいから出してくれ。

斎藤　（笑）飲まないとパワーが出ないんですか。

ヴラド三世　出ないよ。ちょっと喉がかれてきたよ。おまえらにリップサービスするのはここまでだよ、もう。

小林　もう少しお付き合いいただくとして、今、インスピレーションを降ろしたり、指導されているグループや団体はありますか。

ヴラド三世　いっぱいあるよ。地球人ほど血の気《け》の多い、争いが大好きな種族はいないぜ。今は、中東でしょっちゅうやってるじゃない？　いろいろと。

小林　ええ。

ヴラド三世　やってるだろ？　アフリカなんかは、あっちこっちで●火の手が上がってる。あのなかで、優秀な種族はどれなのか、今、見定《みさだ》めてるんだよ。そことヨーロッパをぶつけてるんだ、今。

「キリスト教を終わらせるのが俺の仕事だ」

大川隆法　カトリックの総本山であるバチカンや、ローマ教皇については、どのように感じていますか。

●本収録2カ月前の2013年1月、アフリカのアルジェリアで、イスラム系武装集団が天然ガス精製プラントを襲撃し、人質を取って立てこもる事件が発生していた。

ヴラド三世　ああ、いいなあ。

斎藤　何がいいんですか。

ヴラド三世　ベネディクト？　この間、辞《や》めたやつ。

斎藤　はい、ベネディクト十六世ですね。

ヴラド三世　あいつ、もう、（指を鉤爪《かぎづめ》のようにして引っ掛けるしぐさをする）とにかく俺の指がガッとかかってたのに。（小林を指して）おまえと同じでな、勇気がないから逃げたんだよ（注。ベネディクト十六世は、二〇一三年二月、歴史上、六百年ぶりに自らの意思で教皇から生前退位した）。

ベネディクト16世（1927～）
第265代ローマ教皇。

バチカン市国

斎藤　真相はそうなんですか。

ヴラド三世　そう。あいつがね、要するに、いろんなことを隠蔽《いんぺい》してたんだな。

斎藤　はあ。確かに、バチカンのローマ法王、教皇は、普通は終身制ですが、辞められましたね。

ヴラド三世　あいつが、唯一、イエスの次になれそうなやつだったのに、逃げたんだ。はっきり言っとくよ。これでキリスト教は終わったね。

斎藤　（苦笑）

ヴラド三世　ああ。それで終わった。もう次のやつは関係ない。次のやつは完全な幕引き役だから、俺とは格も違うし、手を出す気もない。ああ、全然駄目。あんなマイノリティー（少数派）のアルゼンチン人じゃ、影もない……。●

小林　ベネディクト十六世があのまま続いていたら、どのようにもっていこうとしていたのですか。

ヴラド三世　「おまえこそ、イエスの僕《しもべ》だ。ペテロ、パウロに次ぐぐらいの人格だ」と言って、あれをもうちょっと持ち上げようとしたわけよ。そうすると、どうなるか。イエス・キリストを信じてる人間が、どんどんどんどん離反していくだろ？　そして、「キリスト教をいったん終わらせる」っていうのが、俺の仕事なんだよ。

斎藤　キリスト教を終わらせる？

ヴラド三世　ああ。あれは、ここで一回、歴史が終わるんだ。

●現在の教皇は、フランシスコ１世。アルゼンチン生まれで、中南米出身の教皇は史上初。

なんか、「新たな時代が開かれる」とか言ってるじゃないか、おまえたちも。違うのかよ。

斎藤　では、キリスト教をつくったのも、終わらせるのも、あなたなんですか。

ヴラド三世　そう。古き時代を終わらせるっていうことも、俺の仕事なんだよ。分かる？　新しい時代をつくるんだ。

斎藤　それでは、地球神《しん》のレベルになってしまうではありませんか。

ヴラド三世　ああ？

斎藤　地球神ぐらいの大きな仕事になってしまいますよ。

ヴラド三世　おお。だけど、終わらせるやつも要るだろうが？　特に、俺の場合は、終わらせるのも得意なんだよ。

斎藤　それは、「戦争によって」ですか。

ヴラド三世　とにかくキリスト教に……。なんか、どうもカトリックの話が最近出てるけども、この古きキリスト教の教えも一回終わらさなきゃ、新しいものはできないだろう？

斎藤　はい。できません。

ヴラド三世　イスラム教も然《しか》りなんだ。分かる？

俺がね、ルーマニアで守ってきたことは何かっていうと、イスラムのあの古い考えを、わが国ルーマニアには絶対に入れたくなかったから、あえて、あれだけのことをやったんだよ。だから、諸外国ではねえ、悪人に見られてるかもしれないけど、ルーマニア人に訊《き》いてみろよ、俺の名前を。みんな「神だ」って言うよ。分かる？

再び、生贄《いけにえ》を要求するヴラド三世

斎藤　今、あなたがいらっしゃる世界は、どんな世界ですか。

ヴラド三世　おまえみたいなアホなんかに話す気しないよ、もう。

斎藤　そこを〝サービス〟で、ぜひ。

ヴラド三世　とにかく、おまえからは、「早く悟りたい」っていう思いが来るんだよ。

斎藤　食べられる前に一つ聞かせてください。

ヴラド三世　だったら、ここに座《すわ》れって。一発で帰天《きてん》させてやるよ。
そしたら、おまえもね、もしかしたら、神の僕《しもべ》ぐらいになれるよ。

斎藤　食べられることでですか。

ヴラド三世　今、俺に食べられたら。

斎藤　あなたの心のなかに生きるんですか。

ヴラド三世　保証してやる。保証してやる。保証してやる。

斎藤　どうも信用できないのですが（苦笑）。

小林　あの……。

ヴラド三世 （小林に）そっちのやつもな。今、生贄《いけにえ》として差し出されてみろ。そしたら、おまえも変わるから。カルマが変更できる。

チャウシェスクやポル・ポト、トルーマンを指導した!?

小林 ちょっといいですか。先ほどヒトラーの名前が出ましたが、ほかにお仲間や部下はいませんか。

ヴラド三世 それはいっぱいいるよ。

小林 例えば、ルーマニアですと、二十年ほど前に、チャウシェスクという人がいて、最後、殺されたのですが。

ニコラエ・チャウシェスク（1918〜1989）ルーマニアの元大統領。24年に渡り、独裁的権力者として君臨。1989年、権力の座を追われ、大量虐殺・不正蓄財などの罪で処刑された。

ヴラド三世　ああ、はいはい。

小林　あの人も指導していましたか。

ヴラド三世　ああ、そうねえ。ヨーロッパ。チャウシェスク。うんうん。あと、ポル・ポトとかねえ。

斎藤　ポル・ポトもですか。

ヴラド三世　そう。あと、おまえらの国に「原子爆弾を落とせ」って命令したアメリカの大統領。

小林　トルーマン？

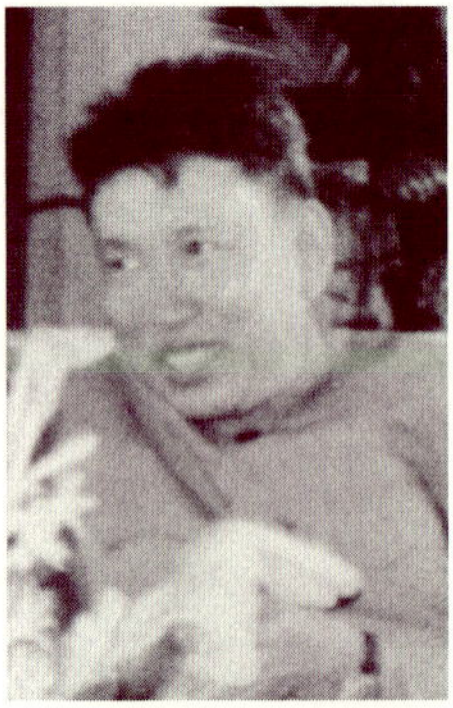

ポル・ポト（1928〜1998）カンボジアの独裁者。約200万人の国民を大量虐殺した。

ヴラド三世　ああ、懐かしい名前だなあ。

斎藤　トルーマンも指導したのですか。

ヴラド三世　そうよ。「俺が大物《おおもん》だ」っていうこと、分かった？（注。その後、二〇一三年六月に、トルーマンとF・ルーズベルトの霊言を収録したが、トルーマンは死後、霊界で原爆投下を反省している状況にあり、ルーズベルトは原爆投下計画の首謀者であったことが判明した。『原爆投下は人類への罪か』〔幸福実現党刊〕参照）

斎藤　雰囲気としては、大物であるということは、だんだん分かってきました。

ヴラド三世　いったん、その文明を終わらせ

H・S・トルーマン（1884～1972）第33代アメリカ大統領。

『原爆投下は人類への罪か？』（幸福実現党刊）

て、その種族を終わらせる。それが、私の仕事。それによって、優秀な民族がまた生まれ、継《つ》がれていくということなんだ。そうしたら、地球はどんどん進化していくんだよ。分かる？

　そのために、俺はわざわざ遠い所から呼ばれたんだよ。なのに、おまえたちは、俺たちのことをずーっと悪人だと思ってるだろ？（斎藤に）おまえ、思ってるだろ？

斎藤　いやあ、思ってます。あっ、すみません（笑）。思っていますけれども、いやいや、思ってません。いや……。

ヴラド三世　永遠におまえは悟れないからな。

大天使ミカエルを〝裏切り者〟呼ばわりする

斎藤　「今、アメリカのほうは、ミカエルという、キリスト教系の大天使と呼ばれている方が指導している」ということを聞いたのですが。

ヴラド三世　ああ。

斎藤　大天使ミカエルとは話が合わなさそうな気もいたしますが、あなたとはお仲間なのですか。

ヴラド三世　仲間じゃない。

斎藤　ミカエルとは違う？

ヴラド三世　違う。

斎藤　なぜ違うんですか。

ミカエル。七大天使の長。八次元如来界の最上段階（狭義の太陽界）の一人。

ヴラド三世　あいつは裏切った。

斎藤　裏切り者ですか。

ヴラド三世　ああ。

斎藤　なぜ裏切ったのでしょうか。

ヴラド三世　裏切ってる。俺たちとは考え方が違うんだよ。もともとは、はっきり言って、一緒だったんだよ。

斎藤　一緒？

ヴラド三世　別れたんだ。

斎藤　別れた？

ヴラド三世　ああ、別れた。

斎藤　いつ別れたのですか。

ヴラド三世　それは何億年前だよ。

小林　向こう●の星で別れたのですか、それとも、地球に来てからですか。

ヴラド三世　こっち側（地球）に来てからだよ。時間差で来たんだけど、考えが徐々《じょじょ》に変わってきたんだよ。

●3億数千万年前、マゼラン星雲から、やや戦闘性の強いレプタリアンが地球に移住した。ミカエルは、そのなかの一人。『太陽の法』（幸福の科学出版刊）参照。

小林　ミカエルのほうが考えを変えたので、別れたということですね？

ヴラド三世　そう。「正義の定義」が違ってきたんだよ、だんだんと。

小林　ミカエルはあることを学んで、正義の定義が変わったので、別れたということですね？

ヴラド三世　そう。ああいうのは完全な「裏切り者」って言うんだよ。

小林　裏切り者に見えると？

ヴラド三世　そう。

小林　でも、あなたの話によると、ポル・ポトやチャウシェスクも指導していたわけですよね。歴史的に見ると、正義や善悪にあまり関係なく、「殺せるときには殺していく」というようにも見えるのですが。

ヴラド三世　違う！　強い者が正義なんだ！

小林　要するに、「強さが正義だ」と？

ヴラド三世　そう。

斎藤　何となく分からないところがあるのですけど、その「強さ」とはいったい？

ヴラド三世　おまえたちが言ってるとおりにしたら、この星はねえ、〝弱っちい星〟になっちゃうんだよ。

斎藤　だから、強い星にしたいのですか。

ヴラド三世　そう。「強い星にしてくれ」って言うから、来たんだよ。

5　ヴラド三世の正体に迫る

「俺たちは悪魔じゃない」と言い張る

斎藤　質問していいですか。ミカエルのうり二つの兄弟に、●ルシフェルという、もともと、七大天使の一人と言われた人がいたのですけれども、知っていますか。

ヴラド三世　……聞いたことあるけど、俺たちとは、また違うぜ。

斎藤　「また違う」んですか。

ヴラド三世　ああ。

斎藤　ミカエルとも違う。ルシフェルとも違う。それはまた「第三勢力」ですか。

●ルシフェル　キリスト教系の悪魔であり、地獄の帝王の一人。元・七大天使の一人だったが、神に反抗して地獄に堕ちた。

ヴラド三世　おまえ、今、俺のこと、引っ掛けようとしてるな？

斎藤　（苦笑）引っ掛けようとして……います。はい。

ヴラド三世　あれ（ルシフェル）は、「悪魔の代名詞」だろうが？

斎藤　はい。

ヴラド三世　俺たちは悪魔じゃねえんだよ。

斎藤　悪魔ではない？

ヴラド三世　さっきから言ってる。〝神のなかの神〟なんだよ。ただし、強い人種を残すっていうことに対しては、手段を選ばないけどな。
正しい、強い人種を残すっていうことにおいて、正義を感じてる一族なんだよ。

斎藤　そういう一族の流れがあるんですね。

ヴラド三世　そうなんだよ。だから、全滅させようなんて思ってないんだよ。あいつは、全滅させる気があるだろ？

考え方としては、ニーチェの超人思想に近い

斎藤　あなたは、全滅させずに、強い者を生き残らせるんですか。

ヴラド三世　そう。強い者が正しいんだ。それを残していくんだ。

斎藤　ヒトラーも、「アーリア人だけが優等人種である。特にユダヤ人は劣等《れっとう》人種で、

全部〝消して〟、自分たちの民族が残る」というようなことを言っていましたね。

ヴラド三世　そう。

斎藤　アーリア人種であるゲルマン民族は残るのだと。

ヴラド三世　そう、そう。

斎藤　「ラスト・バタリオン（最後の精鋭部隊）計画」ですか。

ヴラド三世　あいつは「ドイツ人が優秀だ」と思ってたからな。

斎藤　「ドイツ人だけ残したい」みたいなところがありましたね。

ヴラド三世　ああ、そういうことなんだよ。ヨーロッパは、もうほんとに……。

大川隆法　「ニーチェの思想」も近いのではないですか。

ヴラド三世　おう。

斎藤　ニーチェも超人思想で、優秀な人だけ残るんですよ。

ヴラド三世　そうそう。優秀な人だけ残ればいいんだよ。そうしたら、この地球人は進化していくんだ。そうしたら、われわれのような星と対等に話ができるんだよ。

『公開霊言 ニーチェよ、神は本当に死んだのか？』（幸福の科学出版刊）

「転生輪廻《てんしょうりんね》」と「執着するなかれ」という教えを悪用するヴラド三世

斎藤　あなたは、かわいそうだと思わないんですか。

ヴラド三世　ん？　何が？

斎藤　あなたが〝やっちゃった人〟をです。

ヴラド三世　やっちゃった人？

斎藤　かわいそうではないですか。

ヴラド三世　おまえ、転生輪廻《てんしょうりんね》を信じてるんだろ？　また生まれ変わってくればいいいじゃないか、その強い人種の子供に。

斎藤　「死んでも、もう一回生まれればいい」と思っているわけですか。

ヴラド三世　そうそう、そうそう。

斎藤　ずいぶん、さっぱりしていますね。

ヴラド三世　さっぱりしてるよ。

斎藤　（笑）

ヴラド三世　それこそ、もう、おまえ……、何だっけ？

斎藤　その考えは、転生輪廻の思想の悪用のような気がしますが。

ヴラド三世　「執着はいけない」とかなんか？

斎藤　ええ。執着はいけないですよ。

ヴラド三世　そう、この教団で説いてるはずだ。

斎藤　もちろん言っていますよ。

ヴラド三世　おまえ、分かってないなあ。

斎藤　分かっていない？　なぜですか。

ヴラド三世　そんな発言すること自体、分かってないよ。

斎藤　どうして？

ヴラド三世　この世の生命《せいめい》に執着してはいけないんだよ。「この世は、長い転生輪廻のなかでは、ほんの一瞬だ」って聴《き》いてるぞ。

斎藤　ええ。そう説かれています。この世は、永遠の転生のなかでは、〝一瞬〟です。

ヴラド三世　おまえ、分かってないじゃないか。

斎藤　なぜ？

ヴラド三世　そんなこと、言ってるからだよ。

斎藤　いや、食べられるのだったら死んでしまうので。

ヴラド三世　「この地上の、短い生命に執着してはいけない」と。イエスは、たった三十三歳？　彼こそ執着してなかったじゃないか。俺は偉いと思うよ。

斎藤　「転生輪廻があるから、相手を殺しても、全然平気だ」という考えなんですね？

ヴラド三世　天国・地獄なんか関係ない。俺たちが住んでる世界がすべてなんだ。

斎藤　それでは、悲しみも何もないではありませんか。

小林　もう少し整理をしたいのですが、スターリンも指導されましたか。

ヴラド三世　スターリン？　ああ、聞いたことあるけど、あんまり関係ないな。

斎藤　〝流派〟がちょっと違うんですね。

ミカエルとは、ほぼ同じときに地球に来た

小林　少し細かい質問で申し訳ないのですが、先ほど「ミカエルとは時間差で地球に来た」とおっしゃっていましたよね。どちらが先に来られたのでしょうか。

ヴラド三世　まあ、どっちが先か分かんないけど。俺が先か、向こうが先かは、ちょっと微妙だけど、同じぐらいかなあ。ほぼ同じときに来てるんだと思う。

小林　ほぼ同じ？

ヴラド三世　ああ、もともと仲間だったんだよ。それなのに、あいつはちょっと変わ

ってきたんだ。というか、間違えたんだよ。道を踏み外《はず》した。

小林　そのように見えるんですね。

ヴラド三世　ああ、そういうこと。とにかく俺たちの考えはシンプルなんだ。「強い人間を残す。強い種族を残していく。そのために、弱い者は死んでもらう。そのほうが、人類の進化に役立つ」ということなの。

イスラエルとアラブなら、強いほうを応援する

大川隆法　今、ミカエルは、イスラエルの側について、イランなどのアラブ世界が核開発をしようとするのを叩き潰《つぶ》そうとしているように思うのですが、そうすると、ルーマニアで「十字軍」として「イスラム」と戦っていたあなたと、それほど立場は変わらないのではないですか。

ヴラド三世　そうそう、そうそう。そうなんだよ。まあ、そうなのよ。

斎藤　（笑）（会場笑）

ヴラド三世　いや、あいつと戦ってるっていうことはないんだけども、とにかく、私は、直前はルーマニア人だったから、ルーマニアを最強の民族にしたかったんだ。そのためには、どうしてもイスラム教を入れてはいけない。負けになるんだ。そして、今は、とにかく中東がいちばん熱いから、この中東を混乱させ、そのなかで優秀な民族はどれかを見てるんだ。「イスラエル」なのか、はたして「アラブ」なのか。どっちが優秀なんだろうと見てるんだよ。

小林　それで？

ヴラド三世　強いほうを応援する。

小林　今の読みとしては、どちらのほうが強いとお考えですか。

ヴラド三世　今、互角だな。

ただ、どうも、アメリカが弱ってきてるから、イスラエルの支援体制が弱ってきてるから、俺はアラブのほうを応援しようかと思ってるが、それをやると、さっき総裁が言ったように、ルーマニアでやったことと自己矛盾を起こすだろ？　だから、ちょっとまだ思案中だ。

俺は、とにかく強けりゃいいんだよ。

中東で生き残った種族が地球最高になるはず？

斎藤　あなたには、弱点というものはないんですか。

ヴラド三世　ないよ（笑）。

斎藤　何にもないのですか。

ヴラド三世　強いものを勝たせる。

斎藤　何かありそうな気がしますけど。

ヴラド三世　ないよ。

斎藤　あなたには、「心」というものがないんですか。心がずいぶんツルツルしているんですね。

ヴラド三世　おまえだろ？

斎藤　（苦笑）

ヴラド三世　俺様が今ここにいるっていうこと自体が、心であり、存在であり、意志であるんだ。

斎藤　（苦笑）なるほど。

ヴラド三世　おまえたちみたいな、〝ちっちゃい〟ことは考えてないんだよ。

斎藤　はあ、やはり「スィンク・ビッグ」の態度ですか。

ヴラド三世　地球全体の進化を考えてるんだよ。俺は〝進化の神〟だからな。

斎藤　進化の神というのは、そういうことなんですか。

ヴラド三世　そう。そういうこと。強い人種を残す。

斎藤　強い人だけを残す。それが役割なんですか。

ヴラド三世　そう。もうヨーロッパ、あるいは、白色人種は終わってる。次は、中東で生き残った種族が、今のところ地球最強になるはずだ。それは、まだ数は少ない、いわゆる「イスラエルのユダヤ人」か、あるいは、「アラブの民族」か、どうなのか。そこに今、「中国」が乗っかってきてるな。この三つを見てるんだ。

斎藤　はあ。

「最強は誰なのか」にしか興味がない

大川隆法　ところで、ルーマニアは、全然、発展していないですよね。

斎藤　そうですね。ルーマニアは小さい国で、あまり発展していません。

ヴラド三世　ん？

斎藤　ルーマニアは、あまり大きな国でもないし、あまり発展していないように見えます。国力はそれほど強くないと思いますけれども。

ヴラド三世　だけど、スポーツとか何とかで、よく調べてみなよ。いっぱい金メダルを取ってるだろ？　強いんだよ。

斎藤　（笑）（会場笑）確かに体操とかは強いですね。五輪で金メダルを取った有名なルーマニアの選手もいました。

ヴラド三世　そう。強いんだって。もともと、反骨精神があって強いんだ。その気質はちゃんと残ってるよ。

斎藤　なるほど。

ヴラド三世　そのあと、経済が変わってきたのでな。十六世紀以降はな。そこには、確かに、乗り遅れたかもしれないけども、そういうものだけで種族の強弱は決められない。「戦ったら強いか」なんだよ。分かる？

小林　ここ数百年の実績は、いまひとつでしたね。

ヴラド三世　だから、俺はもうそんなに執着してないんだよ、ルーマニア人に。分かる？「今、この時点で、最強は誰か」ということなんだ。それにしか興味はない。

「愛の神への信仰」に対して、嫌悪感《けんおかん》を示す

斎藤　宇宙人リーディングによると、当会にも、種族的に見て〝強い方〟はたくさんいらっしゃいますが、今、（会場の聴聞者を）見て、「強いな」というか、ライバル視できるような方はいますか。やはり、あなたがトップですか。

ヴラド三世　（聴聞者を見渡して）今日はいないな。

斎藤　今日はいない？

ヴラド三世　けっこう面白いやついたじゃないか。なんか、すごい、〝鳥のでかいやつ〟とか（注。当会の職員を宇宙人リーディングしたところ、かつて、アルタイル〔彦星《ひこぼし》〕から来た翼竜《よくりゅう》型宇宙人であったことが判明した者がいる。『レプタリアンの逆襲Ⅰ』『同Ⅱ』〔幸福の科学出版刊〕参照）。

大川隆法　鳥……（笑）。

ヴラド三世　〝猿のでっかい筋肉質のやつ〟とか。いなくなっちゃったけど、けっこういたじゃないか（注。同様に、マゼラン星雲ゼータ星から来たキングコング型宇宙人であったことが判明した職員もいる。『レプタリアンの逆襲Ⅰ』〔幸福の科学出版刊〕参照）。

斎藤　もしかしたら、そちらのお仲間なんですか。

ヴラド三世　いや、あいつらは、なんか「信仰」とか言ってな。裏切ったんだ、これも。

『レプタリアンの逆襲Ⅰ』
（幸福の科学出版刊）

『レプタリアンの逆襲Ⅱ』
（幸福の科学出版刊）

斎藤　裏切り者なんですか。

ヴラド三世　そう。愛の心がないくせに。「愛の神についていく」とか言って。ケッ！　バッカバカしい。そのうち裏切るよ。信仰が薄いからね。

斎藤　いやいや、信仰は深いと思います。

ヴラド三世　信仰が薄いやつほど、「信仰が深い、深い」と自分に言い聞かせてんだよ。「私のように信仰深い人間が、神の意志を継《つ》いで、強い人種を残す」、そういうことなんだ。

小林　でも、この星に来られたということは、あなたも何かを学ぶために来られたということですよね？

ヴラド三世　「私を学べ」ということなんだよ。この強さを学べと。

キリスト教を終わらせることが、ドラキュラの使命？

斎藤　確かに、「ドラキュラ伝説」というのは、文化的に世界に広がっているので、そういう強さの片鱗《へんりん》は感じますが、今後は、対話で善悪について、お互いに考えを深めたいと思うのですけれども。

ヴラド三世　要はね、「ドラキュラの象徴」っていうのは、「キリスト教と表裏《おもてうら》」なんだよ。

大川隆法　うーん……。

ヴラド三世　「キリスト教を終わらせる」っていうことなんだよ。

斎藤　表と裏ですか。

ヴラド三世　そうそう。「キリスト教をとにかく終わらせる」っていう使命があるんだ、こっちには。分かる？

斎藤　イエス・キリストを十字架に架《か》けさせて……。

ヴラド三世　架けさせたんだけど、「これで一回終わらせる」という意味なんだ。だから、最近、（その兆候《ちょうこう》が）チラチラ出てるだろ？

キリスト教が、キリスト教文明の国が百年、二百年、この地球を支配してきたかもしれないけど、はっきり言って、いよいよ終わりなんだ。あの古い考え方を終わらせなきゃいけないんだよ。分かる？　もうちょっと新しい考え方で、「強い者とは何か」っていうことを、これからは決めていかなきゃいけないと思うんだ。

ただ、それは俺の仕事じゃない。俺は、とにかく弱いやつをやっつけることなんだ。

カトリックの国はもう徹底的に殲滅《せんめつ》する。

斎藤　カトリックの国を殲滅する？

ヴラド三世　ああ。弱いからな。

斎藤　はあ。

ヴラド三世　強い国ある？　ないだろ？

斎藤　どういう考え方を持っているのか、だいぶ分かってきました。

ヴラド三世　面白くなるよ、これから地球は。もう中東から離れられないね。「イスラム」と「イスラエル」と、それから、「中国」の三つ巴《どもえ》。

「アメリカ」は、もう退《ひ》いてくのが分かってるからね。

小林　でも、その図式でいくと、核戦争が起きるかもしれません。

ヴラド三世　おお。一回はしょうがないんじゃない？

小林　「しょうがない」という立場ですか。

ヴラド三世　それでもねえ、全滅までいかないよ。残るやつはいるから。で、そいつをまた応援する。そうしたら、必ず強い者が残っていくだろ？　簡単な理論なんだよ。

宇宙人による〝地球植民地計画〟をほのめかす

小林　残ればいいですけれどね。

ヴラド三世　残るよ。そこまでアホじゃないから。
ただ、そこまでいくとねえ、われわれの「母体《ぼたい》」が〝仲介〟●してくる。

斎藤・小林　母体？

ヴラド三世　母体というか……。

小林　母体というのは？

ヴラド三世　全滅するギリギリで介入する。

斎藤　ギリギリのところで地球に来るということですか。何か、宇宙からの介入が始まる……。

●宇宙にも協定があり、宇宙人は他の星の文明に介入してはならないことになっているが、例外として、その星の人々が自らの手で文明を滅ぼそうとしているときは、介入が許されている。

小林　母体というのは何でしょうか。

ヴラド三世　私たちの仲間がいるから。まだ、この星に来てないけど。

斎藤　仲間？

小林　まだ来ていないと？

ヴラド三世　来てないけど、とにかく、うーん……。

この間も、ほかの宇宙人が言ってたじゃないか。この星の状況は、逐一《ちくいち》、それぞれの星に中継されてるんだ（『地球を守る「宇宙連合」とは何か』〔幸福の科学出版刊〕参照）。

「もう一歩で核ボタンを押して、地球全人類が滅ぶ」というとき、寸前に（宇宙人が）入ってくる。

小林　つまり、核戦争が起きるところまでもっていったら、母星のほうから仲間たちが来て地球に介入し、地球をある種の植民地体制にするということですね。

ヴラド三世　そう、そうなんだよ。

小林　そういうことを考えているわけですか。

ヴラド三世　そう。

小林　ああ、分かりました。

ヴラド三世　言っとくけど、距離は関係ないから。俺たちの科学技術では、一瞬で来るから。

小林　それは分かります。

ヴラド三世　「ボタンを押そうかな」って考えてる瞬間にもう来るから。君らの科学技術の能力だと、理解できない。

小林　そうしますと、われわれとしては、「核戦争を起こすわけにはいかない」という判断になります。

ヴラド三世　でも、今のままいくと、いくよ。もう危《あぶ》ないよ。

「破壊の神」を自称し、敵ではないことを強調する

斎藤　いや、今、大川隆法総裁が「幸福の科学」を創設され、地球上の諸宗教を統合し、また政治経済や教育、国際問題など、すべてを含めた、「新文明の創造」をすべ

くお立ちになられ、ここ二十数年、ずっと地球に光の文明を打ち立てられております。ここに、私たちは最後の希望を持って活動しておりますので、ぜひ応援してください。あっ、応援しなくてもけっこうです。ぜひ理解してください。

ヴラド三世　今度、おまえらが新しい時代を頑張ってつくりゃあいいじゃないか。俺が終わらせてやるから。だから、敵じゃないんだよ。

俺が、弱いやつを全部一掃《いっそう》するから、その強い人種を、おまえたちがまた育てていきゃあいいじゃねえか。新しい時代をつくっていきゃあいいじゃねえか。言っとくけどな、敵じゃないよ。敵じゃないよ。敵じゃない。

小林　微妙な関係ですけどね。

斎藤　距離は取らせていただきます。

ヴラド三世　いい？　「創造する神」はいるけど、「破壊する神」もいるんだって。

斎藤　要するに、あなたは「破壊の神」だと？

ヴラド三世　いいか。古いものを壊さなきゃ、弱いものをなくさなきゃ、強いものとか新しいものとかは残らないだろう？

斎藤　なるほど……。分かりました。

ヴラド三世　もう、分かんないなあ。

6　検証のため、白《しろ》魔術系の霊人《れいじん》を招霊《しょうれい》する

立ち位置がいまひとつ分からなかった「ヴラド三世の霊言」

大川隆法　しかし、まあ、ドラキュラの器《うつわ》を超えていますよね。

小林　言っていることは、生前の実績に比べると、少し大きいように思われます。

大川隆法　大きすぎます。

小林　親分に当たる霊が来たのかもしれません。

斎藤　どこかで入れ替わったのでしょうか。

大川隆法　（地獄の）帝王のほうでしょうか。

斎藤　そうですね。

大川隆法　〝●ヴォルデモート〟の系統でしょうか。

斎藤　はい。奥の奥から来た感じです。

大川隆法　ただ、簡単に色分けできるようなものではないのかもしれません。少しずつ角度の違う考え方の者たちが入《い》り乱れている可能性はあると思います。

確かに、「イスラムをめぐっての正義」と「キリスト教をめぐっての正義」の問題は、非常に難しいものになるでしょうね。

映画「ハリー・ポッターと死の秘宝 PART 2」（2011年公開）。

●ヴォルデモート　小説「ハリー・ポッター」シリーズに登場する闇の魔法使い。

しかし、ルーマニアまでは及ばないと思います。砂漠地帯で何があっても直接は関係がないからです。

そして、今、どちらかというと、表側《おもて》のヨーロッパのほうが没落中であるわけです。（聴聞者に向かって）今の話を第三者の立場で聴《き》いていて、何か気になったようなことはありませんか。「これを訊《き》いてほしい」ということはありませんか。混乱させられている感じが少しするのですが。

斎藤　ルーマニアの一君主《いちくんしゅ》にしては、話が少し巨大になりました。

大川隆法　鋭い〝一刺《ひとさ》し〟など、何かありませんか。これが何なのか分かるような人はいないでしょうか。この霊の「立ち位置」を、もう少し明確にしないといけない感じがします。

立ち位置はいったい何なのでしょうか。ルシフェルとは違う立ち位置で、これが存在できるというのは、どういうことでしょうか。どういう立ち位置であれば、存在できるのでしょうか。

小林　心理学者のユングは、生前、ヒトラーとナチスの後ろについている霊団のいちばん奥にいるトップの名前を特定して、論文を一本書いています。シュタイナーも、生前同じようなことを書いています。ですから、どうも、あの地域の霊団のグループの奥には、ヴラド三世のような考え方をする人がいるようです。その霊には、「ハリー・ポッター」のヴォルデモートという名前に似た名前がついていますが、もしかしたら、その系統の方でいらっしゃいますか。

ヴラド三世　とにかく、俺は大物なんだよ。

大川隆法　「黒魔術《くろ》」の系統なら、「白魔術《しろ》」が反対側ということになりますよね。

ヴラド三世　黒魔術は、言えば、俺の一つの指かな。人差し指。

斎藤　ということは、ゲルマンの森ですか。

ヴラド三世　手足にすぎない。

大川隆法　では、白魔術系と思われる女性の守護霊を私のほうへ入れてみましょうか。

（右腕を上げて、人差し指を天に向けて立てる）どう判定するか。

小林　はい。白魔術は黒魔術と戦っていましたので。

大川隆法　（右手の人差し指を立てたままで）それでは、白魔術系と推定されます女性の守護霊よ。どうぞ、私のほうへ入ってみてください。この人（ヴラド三世）の正体はいったい何なのかを、もう少し明らかにしたいと思います。入ってきてください。

（約三秒間の沈黙）

正体は、滅ぼされた宗教の親分で、黒魔術系の悪魔

白魔術系の霊人　こんなの、もうドイツの森の伝統的な悪魔に決まっているじゃないですか。

斎藤　いわゆるゲルマンの森の悪魔ですか？

白魔術系の霊人　そうですよ。だから、地中海のほうから攻めてきた者たちと戦って殺されたために、「恨《うら》み骨髄《こつずい》」で、いつもヨーロッパ中心に反逆を狙っている種族ですよ。これは、もう「滅ぼされた宗教の親分」ですよ。

小林　ヴォータン？

ヴラド三世　ハハッ。

白魔術系の霊人　ええ。「滅ぼされた宗教」ですよ、これは。間違いないですよ。そちらの系統だよ。

小林　分かりました。

白魔術系の霊人　で、愛なんか大嫌い。愛も嫌い、友情も嫌い。

ヴラド三世　何が愛だ。ほんと笑っちゃう。ハハハ……。

白魔術系の霊人　味方は欲しいけどね。そして、犠牲を欲する。だから、海賊《かいぞく》なんかとも仲間なのよ。ほとんど、考えは……。「北欧の海賊」「ゲル

ヴォータン。ゲルマン神話の最高神。

マンの黒魔術」、それから、中東のほうへ行くと、「バアル信仰」。このへんは、みんな黒魔術系でつながっているものなのよ。

ヴラド三世　ハハハ。

白魔術系の霊人　だから、似ているようで、違っている。「立ち位置が分からない」って言ったでしょう？　つまり、これは、地中海辺《へん》でいくと、「バアル信仰」になるわけで、「ヘルメス信仰」と戦いつつも、「ユダヤの伝統的な正統な教え」とも戦った。ちょっと立ち位置が違う。

ヴラド三世　ハハハ。

ヘルメス。4300年前、ギリシャに実在した英雄。エル・カンターレの分身の一人。

●バアル信仰　古代の中東などで流行していた唯物的で拝金主義的な信仰。バアルとは、悪魔ベルゼベフ（ベリアル）のこと。

「白魔術」と「黒魔術」の違いとは

白魔術系の霊人　要するに、「自分たちのためになるような利益を得られるもんなら、何でもいい」という、すごいエゴイズムが、そのなかにあるのよ。それで、相手をやっつけることばっかり考えているから、これが「黒」（黒魔術）と言われるわけ。

ヴラド三世　ハハハ。

白魔術系の霊人　だから、神や悪魔という段階だけでなくて、魔術界のなかに、白魔術と黒魔術があって、黒魔術のほうは、不幸を中心に、国民とか文明とか大人物とか、いろんな大きなものを闇の力で操《あやつ》ろうとする。これが黒魔術で、それを愛の力で解き放とうとするのが白魔術系統なわけよ（注。ただし、白魔術といえども、魔法界には「心の教え」がなく、宗教としては正統ではない）。

ヴラド三世　よく言うよ。ハッ。

白魔術系の霊人　まあ、それが正体よ。

斎藤　分かりました。

白魔術系の霊人　北欧のスカンジナビアの海賊、ヴァイキングね。人の宝船《たからぶね》を襲って略奪したヴァイキングであるし、ゲルマンの森では、南（ローマ）からの侵入に対して抵抗していた、古い●ドルイド教を信仰していた部族長たちで、殺された者たちね。彼らは、悪魔ではないけども、いまだに抵抗勢力でいるわけですね。引っ繰り返そうとして。

ドルイド教の祭司

ヴァイキング

●ドルイド教　ヨーロッパ先住民族の古代ケルト人が信仰していた宗教。自然崇拝の多神教。ローマ帝国による征服とキリスト教の普及に伴い、滅んだ。

だから、正統派キリスト教の教えを、今言ったように、換骨奪胎《かんこつだったい》して、キリスト教のように見せながら引っ繰り返していこうとしているわけ。

ヴラド三世　終わらせる！

白魔術系の霊人　全部、狂わせに入っているわけ。これが黒魔術のやり方なんですよ。

ヴラド三世　ハッハ。

白魔術系の霊人　疑いを抱《いだ》かせて、喧嘩《けんか》をさせて滅ぼしていく。要するに、（彼らの）教義は、基本的には「反乱」と「反抗」しかないのよ。ただの恨み骨髄なの。単にそれだけなのよ。「滅ぼされた藩主《はんしゅ》」みたいなものなのよね。

ヴラド三世　よくしゃべるなあ。最後に言っとくが、イギリスが世界一になったのは、

俺のおかげなんだぜ。分かってんのか？（注。イギリスが大英帝国の時代に七つの海を支配したことを指すと思われる）

小林　よく分かりました。（白魔術系の霊人に）どうもありがとうございました。

斎藤　（白魔術系の霊人に）ありがとうございました。

白魔術系の霊人　そうですか。じゃあ（合掌一礼する）。

7　ドラキュラ・リーディングを終えて

ヴァンパイアはやはり黒魔術《くろまじゅつ》系だった

大川隆法　（ヴラド三世の霊の）立ち位置は分かりました。なるほど。これは、ヨーロッパのなかで滅ぼされた古い宗教のほうの元にあるものですね。
キリスト教や、近代化してきたいろいろなものと戦っているけれども、確かにイスラム教とも違うのです。キリスト教ともイスラム教とも違うもので、とにかく何かを転覆《てんぷく》させて、引っ繰り返しに入っていこうとしているようです。

斎藤　「反抗」と「反乱」と言っていました。

大川隆法　何かを狂わせて、混乱させているものなのでしょう。なるほど。そういうことをやっているわけです。

ただ、単なる悪魔とも、少し立ち位置が違うところがあるようです。そして、国を治めていた実績もあることはあるわけです。こういうタイプの人が、場所を変えて、いろいろな所に、ときどき出てくるのでしょうね。なるほど。少し分かりました。

ということで、ルーマニアが発展しない理由も、よく分かりました。「古い宗教」に戻そうとしているのでしょう。昔の宗教には、儀式的なものがかなりあったのだと思います。おそらく、ゲルマンの森の時代の古い宗教には、人身御供《ひとみごくう》を捧げて、それから血を取るような儀式があったのではないでしょうか。

斎藤　ヒンドゥー教などの奥の部分でも、元を辿れば、生贄《いけにえ》の儀式をやっていますから。

大川隆法　ありますね。ですから、ヨーロッパにもおそらくあるんですよ。

斎藤　はい。おそらく似たようなタイプかと。

大川隆法　これは、昔の滅ぼされたタイプの宗教が基《もと》になっていて、それが、近代になって、姿を変えて、いろいろなかたちで出ているのでしょう。「だいたい、立ち位置はそのあたりである」ということが分かりました。

白《しろ》魔術が頑張って戦ってくれればよいのですが。まあ、どういうことになるのでしょうね。戦ったらどうなるでしょうか。

小林　基本的には、白魔術が勝っています。映画「スター・ウォーズ」は、言ってみれば、白魔術と黒《くろ》魔術の戦いですが、最後は〝白魔術〟が勝っています。

また、チャーチルは、黒魔術霊界から影響を受けていたヒトラーに勝ちました。そういう意味では、最終的には、白魔術のほうの勝利になるかと思います。

大川隆法　やはり「黒魔術系だった」ということですね。ヴァンパイアものがあれほど流行《はや》るのは、霊的なものがかかわっているからなのでしょう。昔の宗教的な魔力のようなものが少しあるのだと思います。

日本で言うと、儒教や仏教や、その他の近代的な宗教が日本に入ってくる前の、「土着の宗教」のようなものが、いろいろと噴出《ふんしゅつ》してくる部分に当たるものなのでしょう。

斎藤　ヴラド三世の霊が、チャネラーのなかにまだ入っていますので、いったんお戻しいただけますでしょうか。

大川隆法　それでは、出てもらいます。

（手を叩きながら）はい、出なさい！

「滅んだ宗教」のなかには、まだ潜在的に動いているものがある

大川隆法　今日は、少し変な思いつきになってしまいましたね。今夜は、長女（大川咲也加《さやか》）が、「『ヨーロッパ宗教事情』――ヨーロッパ視察を終えて――」と題して話をするそうですが、おそらくルーマニアについては抜けるだろうと思われるので、補足して解説したということにもなります（笑）。

まあ、キリスト教がヨーロッパに入っていくに当たって、けっこうな抵抗があったということですね（注。結局、ヨーロッパにキリスト教が高等宗教として入り、黒魔術も白魔術もともに敗れた）。それまで、部族の宗教はたくさんあっただろうし、北欧のほうにも、本当はあっただろうと思います。

今、どうなっているかは分かりませんが、どこかに潜《もぐ》って存続《そんぞく》しているのでしょう。アメリカのほうにも、黒魔術系が入っていこうとする力は働いています。こういうものが、霊的に影響を与えて集団殺人など、いろいろ事件を起こしたりしているわけで

すね。

下手《へた》をしたら、この者たちはイスラム側にも入れないことはないでしょう。テロをあれだけやっているので、入れるかもしれません。

混乱を起こすのが目的のようで、とにかく現在の支配体制を引っ繰り返したいわけです。そういうことが分かりました。

あまりずっと付き合っていい人でもなさそうですが、これでルーマニア伝道ができるでしょうか。

小林　このあたりの本当の裏事情というのは、今のヨーロッパの人々も、感覚的には何か感じているのですが、説明ができないという状況でした。

大川隆法　そうですすね。

小林　こういう裏事情が情報提供されることは、ルーマニアの人々にとって大変な驚きであるとともに、啓蒙《けいもう》にもなりますので、最初の入り口としては面白いと思います。

大川隆法　ルーマニアは、以前はソ連の影響が強かったのでしょう？　それがキリスト教圏に入ろうとしても、入り切れない理由なのかもしれません。

確かに、ギリシャあたりの神にも、〝滅びた神〟がかなりいるので、どこかに溜《た》まっているかもしれませんね。まだまだ、裏にはいろいろな宗教事情があるかもしれません。

今回は、思わぬところまで行きついたようですが、「滅びていった宗教のなかには、まだ潜在的にいろいろと動いているものがある」ということですね。

では、以上にしましょう。

小林・斎藤　ありがとうございました。

あとがき

どうも人の血を好む種族はおり、闇にうごめいているようだ。血を流して十字架にかかったイエス、土葬と復活、伝説的な黒魔術、キリスト教の十字軍対イスラム軍の果てしない戦いなども影響しているらしい。

文化人類学、比較宗教学、宗教社会学、西洋歴史学なども巻き込んで考えなくては、なかなか本質は見えてこない。

この「ドラキュラ・リーディング」は、ある魔界のフィールドワークと考えて頂いてよいだろう。

レプタリアン型の肉食系宇宙人との関係は、もう少し研究を進めなくては、真相を十分につかめているとはいえないだろう。ただ神秘ファンには、十分興味をいだかせる内容となったと思う。

二〇一四年　十一月一日

幸福《こうふく》の科学《かがく》グループ創始者兼総裁《そうししゃけんそうさい》　大川隆法《おおかわりゅうほう》

『ドラキュラ伝説の謎に迫る』大川隆法著作関連書籍

『太陽の法』（幸福の科学出版刊）
『「宇宙の法」入門』（同右）
『ダークサイド・ムーンの遠隔透視』（同右）
『レプタリアンの逆襲Ⅰ』（同右）
『レプタリアンの逆襲Ⅱ』（同右）
『遠隔透視　ネッシーは実在するか』（同右）

ドラキュラ伝説《でんせつ》の謎《なぞ》に迫《せま》る
― ドラキュラ・リーディング ―

2014年 11月5日 初版第1刷

著 者　大《おお》 川《かわ》 隆《りゅう》 法《ほう》

発行所　幸福の科学出版株式会社

〒107-0052 東京都港区赤坂2丁目10番14号
TEL(03)5573-7700
http://www.irhpress.co.jp/

印刷・製本　株式会社 東京研文社

落丁・乱丁本はおとりかえいたします

ISBN978-4-86395-595-0 C0014

写真：アフロ、AFP=時事 、時事、dpa/時事通信フォト、
時事通信フォト、©isoga - Fotolia.com

大川隆法ベストセラーズ・神秘の世界を垣間見る

太陽の法

エル・カンターレへの道

創世記や愛の発展段階、悟りの構造、文明の流転を明快に説き明かす。来たるべき新時代の価値観と主エル・カンターレの真実の使命を示した、仏法真理の基本書。

2,000円

不滅の法

宇宙時代への目覚め

「霊界」「奇跡」「宇宙人」の存在。物質文明が封じ込めてきた不滅の真実が解き放たれようとしている。物質文明を終わらせ、新時代のはじまりをもたらす一書。

2,000円

エクソシスト概論

あなたを守る、「悪魔祓い」の基本知識Q＆A

悪霊・悪魔は実在する！　憑依現象による不幸や災い、統合失調症や多重人格の霊的背景など、六大神通力を持つ宗教家が明かす「悪魔祓い」の真実。

1,500円

※表示価格は本体価格（税別）です。

遠隔透視 ネッシーは実在するか

未確認生物の正体に迫る

なぞの巨大生物ははたして実在するのか？　世界の人々の好奇心とロマンを刺激してきた「ネッシー伝説」の真相に挑む「遠隔透視」シリーズ第３弾！

1,500円

日本民俗学の父 柳田國男が観た 死後の世界

河童、天狗、仙人、鬼……“妖怪ウォッチャー”が語る異次元世界の真相。妖怪伝説や心霊現象を学問化した民俗学の創始者にインタビュー。

1,400円

「ノアの箱舟伝説」は本当か

大洪水の真相

『旧約聖書』に記された箱舟伝説の驚くべき真実と、現在、世界各地で多発する「大水害」の理由。預言者ノアが、「創世記」の記憶を語りはじめる。

1,400円

幸福の科学グループのご案内

宗教、教育、政治、出版などの活動を通じて、地球的ユートピアの実現を目指しています。

宗教法人　幸福の科学

一九八六年に立宗。一九九一年に宗教法人格を取得。信仰の対象は、地球系霊団の最高大霊、主エル・カンターレ。世界百カ国以上の国々に信者を持ち、全人類救済という尊い使命のもと、信者は、「愛」と「悟り」と「ユートピア建設」の教えの実践、伝道に励んでいます。

（二〇一四年十一月現在）

愛

幸福の科学の「愛」とは、与える愛です。これは、仏教の慈悲《じひ》や布施《ふせ》の精神と同じことです。信者は、仏法真理をお伝えすることを通して、多くの方に幸福な人生を送っていただくための活動に励んでいます。

悟り

「悟り」とは、自らが仏の子であることを知るということです。教学《きょうがく》や精神統一によって心を磨き、智慧《ちえ》を得て悩みを解決すると共に、天使・菩薩《ぼさつ》の境地を目指し、より多くの人を救える力を身につけていきます。

ユートピア建設

私たち人間は、地上に理想世界を建設するという尊い使命を持って生まれてきています。社会の悪を押しとどめ、善を推し進めるために、信者はさまざまな活動に積極的に参加しています。

国内外の世界で貧困や災害、心の病で苦しんでいる人々に対しては、現地メンバーや支援団体と連携して、物心両面にわたり、あらゆる手段で手を差し伸べています。

年間約３万人の自殺者を減らすため、全国各地で街頭キャンペーンを展開しています。

公式サイト　www.withyou-hs.net

ヘレン・ケラーを理想として活動する、ハンディキャップを持つ方とボランティアの会です。視聴覚障害者、肢体不自由な方々に仏法真理を学んでいただくための、さまざまなサポートをしています。

公式サイト　www.helen-hs.net

教育

学校法人 幸福の科学学園

学校法人 幸福の科学学園は、幸福の科学の教育理念のもとにつくられた教育機関です。人間にとって最も大切な宗教教育の導入を通じて精神性を高めながら、ユートピア建設に貢献する人材輩出を目指しています。

幸福の科学学園

中学校・高等学校（那須本校）
2010年4月開校・栃木県那須郡（男女共学・全寮制）
TEL **0287-75-7777**
公式サイト **happy-science.ac.jp**

関西中学校・高等学校（関西校）
2013年4月開校・滋賀県大津市（男女共学・寮及び通学）
TEL **077-573-7774**
公式サイト **kansai.happy-science.ac.jp**

幸福の科学大学
TEL **03-6277-7248**（幸福の科学 大学準備室）
公式サイト **university.happy-science.jp**

仏法真理塾「サクセスNo.1」 TEL **03-5750-0747**（東京本校）
小・中・高校生が、信仰教育を基礎にしながら、「勉強も『心の修行』」と考えて学んでいます。

不登校児支援スクール「ネバー・マインド」 TEL **03-5750-1741**
心の面からのアプローチを重視して、不登校の子供たちを支援しています。
また、障害児支援の「**ユー・アー・エンゼル!**」運動も行っています。

エンゼルプランV TEL **03-5750-0757**
幼少時からの心の教育を大切にして、信仰をベースにした幼児教育を行っています。

シニア・プラン21 TEL **03-6384-0778**
希望に満ちた生涯現役人生のために、年齢を問わず、多くの方が学んでいます。

NPO 活動支援

学校からのいじめ追放を目指し、さまざまな社会提言をしています。また、各地でのシンポジウムや学校への啓発ポスター掲示等に取り組む一般財団法人「いじめから子供を守ろうネットワーク」を支援しています。

公式サイト **mamoro.org**
相談窓口 **TEL.03-5719-2170**
ブログ **blog.mamoro.org**

政治

幸福実現党

内《ない》憂《ゆう》外《がい》患《かん》の国難に立ち向かうべく、二〇〇九年五月に幸福実現党を立党しました。創立者である大川隆法党総裁の精神的指導のもと、宗教だけでは解決できない問題に取り組み、幸福を具体化するための力になっています。

党員の機関紙
「幸福実現NEWS」

TEL 03-6441-0754
公式サイト hr-party.jp

出版 メディア 事業

幸福の科学出版

大川隆法総裁の仏法真理の書を中心に、ビジネス、自己啓発、小説など、さまざまなジャンルの書籍・雑誌を出版しています。他にも、映画事業、文学・学術発展のための振興事業、テレビ・ラジオ番組の提供など、幸福の科学文化を広げる事業を行っています。

アー・ユー・ハッピー？
are-you-happy.com

ザ・リバティ
the-liberty.com

幸福の科学出版
TEL 03-5573-7700
公式サイト irhpress.co.jp

THE FACT

ザ・ファクト
マスコミが報道しない
「事実」を世界に伝える
ネット・オピニオン番組

Youtubeにて
随時好評配信中！

ザ・ファクト　検索